D1585319

Cónamara

An Tír Aineoil
The Unknown Country

Cónamara

An Tír Aineoil
The Unknown Country

Damhsa ar an Raidió

Grianghraif le Bob Quinn
Téacs: Liam Mac Con Iomaire

An Chéad Chló 1997

© Cló Iar-Chonnachta 1997

© Na Grianghraif: Bob Quinn

ISBN 1 900693 39 9

Dearadh / Design: Johan Hofsteenge

Foilsithe le cabhair ó Údarás na Gaeltachta

Faigheann Cló Iar-Chonnachta Teo. cabhair airgid ón gComhairle
Ealaíon.

Clóchur: Cló Iar-Chonnachta Teo. Indreabhán, Co. na Gaillimhe,
          Éire/Ireland. Tel. 091-593307 Facs: 091-593362

Priontáil: Clódóirí Lurgan Teo. Indreabhán, Co. na Gaillimhe,
          Éire/Ireland. Fón: 091-593251/593157

Conamara
An Tír Aineoil
The Unknown Country

Deirtear linn i dTáin Bó Cuailgne, nuair a chuaigh Méabh, banríon Chonnacht, ag ionradh Chúige Uladh, gur sheas sí agus gur fhéach sí uaithi trasna na hAbhann Duibhe ar "an tír aineoil" – an tír nach raibh aon eolas aici uirthi. Nuair a luaitear Conamara is ar chnoic agus ar shléibhte, ar lochanna agus ar phortaigh a smaoiníonn go leor daoine fós; "tír aineoil" atá i gConamara dóibh mar nach bhfuil aon eolas acu ar na daoine atá ina gcónaí ann. Is faoi na daoine sin an leabhar seo.

Ar dtús ní raibh le bheith anseo ach cnuasach grianghraf de phearsantachtaí cáiliúla Chonamara. Bhí sé de dhánacht ionam, áfach, grianghraif eile a chur taobh leis na príomhchinn — grianghraif, tá súil agam, a thabharfaidh spléachadh ar ghlúin óg Conamarach chomh maith. Go maire siad agus go maire an teanga ina measc.

When Queen Maeve of Connaught set off to invade Ulster she paused at the river Blackwater and gazed across at "an tír aineoil": the unknown country.

When people think of Conamara their image is of mountain, lake and bog, a sparsely populated wilderness. So the real Conamara, the most densely populated part of rural Ireland, is equally a "tír aineoil" to them. These photos are a tribute to the unique and multi-talented community in Conamara which has patiently and good-humouredly borne my cinematic and photographic intrusions for the past quarter century. The idea was Pádraig Ó hAoláin's. He said: "In fifty years time we will regret not having pictures of these people." Originally intended as portraits of established personalities in Conamara I sneakily extended my brief to show, side by side with them, a younger generation who I hope will ensure there will always be a Conamara filled with people — ideally still speaking Irish.

Bob Quinn

Cónamara

Réamhrá
Introduction

Is aitheantas don phobal as ar fáisceadh iad an t-aitheantas atá á léiriú againn don dornán seo Conamarach. Agus níl anseo ach a bheagán den dream ar theastaigh uainn an t-ómós atá againn dóibh, an meas atá againn orthu, an bród a airimíd astu a thaispeáint i bhfoirm bhuan phoiblí i ngeall ar an saibhriú atá déanta acu ar ár saol trína gcuid tallann.

Tá aithne fhorleathan phearsanta orthu seo i measc a bpobail féin. Fáisceadh iad as pobal a bhfuil oidhreacht shaibhir theanga agus chultúir aige a iompraíodh ó ghlúin go glúin slán aniar céad i ndiaidh an chéid, idir órga agus anróiteach, dár stair lonnaíochta ar an oileáinín seo go dtí an lá inniu féin — agus cé go bhfuil an oidhreacht chéanna sin ag tanachan lenár linn léiríonn na daoine uaisle seo an téagar, an spreacadh agus an acmhainneacht a bhaineann léi i gcónaí.

Tugann portráidí ceamara agus pinn Bhob Quinn agus Liam Mhic Con Iomaire faoi seach léargas gairmiúil ealaíonta ar ghnéithe suntasacha de shaol agus de shaothar phearsantachtaí áirithe seo Chonamara. Is saibhrede ár saoil tallann agus saothar na ndaoine seo a bheith roinnte go fial acu orainn. Is mian linn an saibhriú sin a roinnt leatsa.

The people of Conamara are the products and the bearers of a robust culture and tradition which has become fragile in our own time. It is a culture which the modernising influences of the late 20th century have tested to the full. Tradition like the soil with which it communes, needs turning up and remoulding, else it becomes useless. That turning and remoulding is now happening in a way that promises at least partial transmission to the next generation. These pen and lens portraits mark neither an end nor a beginning. They are a gesture of appreciation of how these wonderful people enriched our lives. We hope this tribute to them enriches yours.

Pádraig Ó hAoláin
Údarás na Gaeltachta

Liam Mac Con Iomaire.

Tá draíocht ag baint leis an ainm "Conamara", go háirithe do dhuine ar bith a rugadh agus a tógadh ann. Is é an t-ainm é a thugtar go minic ar an gcuid de Chontae na Gaillimhe atá taobh thiar den Choirib agus a dtugtaí Iar-Chonnacht air roimhe seo. Trí barúntachtaí atá ann, Barúntacht Mhaigh Cuilinn, Barúntacht an Rosa agus Barúntacht Bhaile na hInse. Is ar Bharúntacht Bhaile na hInse, an réigiún sin atá taobh thiar d'abhainn Inbhear Mór gar do Ros Muc, a thugtaí "**Conmhaicne Mara**" tráth agus thugtaí an t-ainm céanna sin ar cheannairí an réigiúin os cionn míle bliain ó shin. Is as sin a tháinig an t-ainm **Conamara**.

Ansin, sa tríú haois déag, díbir na Normannaigh na Flaitheartaigh, a bhí i gceannas taobh thoir den Choirib, siar trasna na Coiribe. Thóg na Flaitheartaigh seilbh agus ceannas ar Chonmhaicne Mara agus is iad na Flaitheartaigh a bhí i réim taobh thiar den Choirib go dtí gur chuir fórsaí Chromail dá gcois iad sa seachtú haois déag. Roinneadh Conamara ar fad ansin ar Phrotastúnaigh a chabhraigh le Cromail agus ar Chaitlicigh a chaill a gcuid tailte in áiteacha eile. Fuair go leor de thrádálaithe na Gaillimhe (The Tribes of Galway) stráicí móra de thalamh fiáin Chonamara in áit a gcuid eastát féin i nGaillimh. Roinneadh talamh cloch eibhir Chonamara theas ar na Blácaigh, na Frinnsigh, na Loingsigh agus na Máirtínigh. Fuair na Máirtínigh seo talamh in iarthuaisceart Chonamara freisin agus le himeacht aimsire d'fhéadfaí a rá gurb iad Máirtínigh Bhaile na hInse a thóg áit na bhFlaitheartach mar mháistrí ar Chonamara.

Nuair a tháinig an Gorta Mór (1845-48) agus an t-uafás a lean é agus nuair a leag Rialtas Shasana ualach iomlán fóirithinte an Ghorta anuas ar na rátaí áitiúla, thit na Máirtínigh, na D'Arcys agus na O'Neills (d'athraigh na Geoghegans a tháinig as Contae na hIarmhí a sloinne go O'Neill) go trom i bhfiacha agus díoladh a gcuid eastát faoi Encumbered Estates Act na bliana 1848. Thit eastát mór na Máirtíneach i seilbh lucht morgáiste – an Law Life Assurance Society of London – agus bhaineadar ainchíos amach air go dtí gur éirigh leo é a dhíol le Richard Berridge, fear grúdlainne as Londain, i 1872. Thit tailte D'Arcy i gceantar an Chlocháin i seilbh mhuintir Eyre as Bath agus b'éigean do Bhlácaigh Rinn Mhaoile roinnt dá gcuid tailte a dhíol i 1862 le Mitchell Henry, an fear saibhir as Manchester a thóg Caisleán na Coille Móire.

Ach is i gConamara Theas is measa a bhí an scéal, áit a raibh na portaigh á n-ídiú síos go dtí an chloch eibhir lena raibh de mhóin á baint, le díol in oileáin Árann, i gcathair na Gaillimhe agus sna ceantair chloch aoil ar an taobh ó dheas de chuan na Gaillimhe, nach raibh aon fhód móna dá gcuid féin le baint acu. Ba i ndeisceart an réigiúin a bhí an chuid ba bhoichte de bhochtáin Chonamara agus bhíodar seo fós á gcrá ag tiarnaí talún mar Bhlácaigh na Tulaí agus Berridges Bhaile na hInse. Ach bhí an chosmhuintir ag bailiú misnigh agus bhí Conradh na Talún, a bhunaigh Michael Davitt i gContae Mhaigh Eo i 1879, ag bailiú nirt de réir a chéile. In Eanáir na bliana 1881 bhailigh slua mór tionóntaithe ar eastát Kirwan ar an gCeathrú Rua agus chuireadar an ruaig ar an bhfear a bhí ag 'searbháil' daoine lena ndíshealbhú, in ainneoin go raibh póilíní á thionlacan. 'Cath na Ceathrún Rua' a thugtar fós ar an eachtra sin agus is de bharr eachtraí dá leithéid a fuair tionóntaithe beaga a gcearta de réir a chéile.

Bunaíodh Bord na gCeantar Cúng (Congested Districts Board) i 1891 agus as sin go dtí gur bunaíodh Saorstát Éireann i 1921 cuireadh obair ar fáil ag cur caoi ar chéibheanna agus ar chaltaí. Cuireadh fóirdheontais ar fáil do chabhlaigh bheaga iascaigh, tógadh stáisiúin leasaithe scadán agus osclaíodh scoileanna lása. Ceannaíodh amach na tiarnaí talún de réir a chéile, cuireadh feabhas ar ghabháltais bheaga agus, sa deireadh thiar thall, fuair an talmhaí beag a phaiste beag talún féin le n-oibriú.

De bharr an ghorta agus an chruatain agus de bharr na n-athruithe go léir a tharla in Éirinn sa naoú céad déag chúlaigh an Ghaeilge go dtí na ceantair a dtugtar 'Gaeltacht' orthu anois. Ó tharla gur i ndeisceart Chonamara a tháinig an Ghaeilge slán is minic a thugtar 'Conamara', sa lá atá inniu ann, ar an gceantar labhartha Gaeilge "ó Bhearna go Carna". Le linn don Ghaeilge a bheith ag cúlú i dtuaisceart Chonamara níor éirigh leis an mBéarla a thabhairt leis ach fíorbheagán de na scéalta agus den seanchas. Ach, mar a deir Tim Robinson, ina leabhar *Connemara*: "san áit a maireann an Ghaeilge, tá an traidisiún chomh láidir sin fós, ó thaobh scéalta, amhrán agus ainmneacha áite, go gceapfadh duine go raibh na laethanta agus na hoícheanta níos faide i gConamara fadó, le go bhféadfaí éisteacht lena raibh le rá faoi Chonamara."

Liam Mac Con Iomaire.

Conamara is the name used by many people nowadays to define the Irish speaking area (or Gaeltacht) west of Galway city, stretching from Barna to Carna. Apart altogether from the area's natural beauty, it has three very distinctive features: Irish (**Gaeilge**) is the community language; old songs in Irish are still being sung in the traditional style that we now call '**Sean-Nós**' (Old Style) and the "**Báid Mhóra**" (Big Boats), commonly known as 'Galway Hookers', grace our coastline once more, having been saved from virtual extinction by a restoration movement in the nineteen seventies and eighties. These boats, the last Irish working sail craft left in the country, were used for centuries in Galway Bay both for fishing and for ferrying. They brought turf to the Aran Islands and to other parts of counties Galway and Clare, returning with salted fish, potatoes, kelp and limestone from Aran and timber and provisions from Galway city to the boatwrights and shopkeepers of Conamara. The last turf-load was brought by "Bád Mór" to Aran from Carraroe in 1975. Our 'Galway Hookers' now number about one hundred, and are nowadays used exclusively for pleasure. With the foresight and guidance of Cumann Húicéaraí na Gaillimhe (Galway Hooker Association), founded in 1978, their number is increasing every year and the younger generation is being introduced to the traditional skills of making and restoring them.

Sean-Nós (literally "Old Style") Singing is a style of singing, developed over the centuries in Irish-speaking Ireland, that has survived wherever the language itself has survived. While it is alive in all of the Gaeltacht areas it is at its healthiest in Conamara. It is basically a solo and unaccompanied style of singing and is deeply rooted in the rhythms of the Irish Language and in the metres and rhythms of Irish poetry. The songs themselves date mainly from the 17th to the 19th centuries and some of the airs are so sophisticated that they are thought to have been composed by some of the harpers employed by the Gaelic aristocracy until its disintegration in the 17th century. Dónal O' Sullivan, foremost authority on 'sean-nós' singing, wrote: "Anyone who wishes to understand the mind and soul of the Irish people must have recourse to their songs . . . Nobody unacquainted with these folksongs can fully understand the mind and spirit of Irish-speaking Ireland . . . One finds in the best of these songs a beauty and tenderness beyond the ordinary: a deep and passionate sincerity; a naturalness which disdains all artifice; a feeling for poetical expression unusual in folksongs: all combined with mellifluous assonance which renders them eminently singable". Douglas Hyde, eminent Gaelic scholar and first President of Ireland, proclaimed these songs "the very highest expression of the lyric genius of our race".

Practically all of Ireland was Irish-speaking at the start of the 17th century except for Dublin and a few English-speaking settlements on the east coast. But since the Battle of Kinsale in 1601 and what is known as 'the fall of the old Irish order', the Irish language was forced to retreat before English to where it is spoken as a community language at the moment, in small pockets called **Gaeltacht** areas, mainly along the western seaboard. As the Irish language was retreating the old traditional songs in Irish were being neglected and forgotten. Songs in English were coming in from England and Scotland, through the military establishments, through the plantations and through the migration to England and Scotland and, more recently, to America. Irish music was banned in the 17th century and Irish harpers, pipers and poets were hunted and persecuted. The old traditional songs in Irish we now call "**Sean-Nós**" (Old-Style) songs, which are the oldest form of folk music we have, continued to be sung only in Gaeltacht (Irish-speaking) areas. Not until the foundation of the Gaelic League in 1893 and of its annual cultural festival, **An tOireachtas**, in 1897 did any appreciation emerge in English-speaking Ireland of these old, unaccompanied songs in Irish. Before the Great Famine in 1845 it is estimated that the number of Irish speakers in the country was in the region of four million. Twenty five years later in 1870 less than one million spoke Irish, so that one of the most tragic events in the history of any country in the world occured in Ireland in the nineteenth century; that was the virtual disappearance of a major community language that had been spoken by generations of Irish people for nearly two thousand years. The process had begun, of course, long before the Famine, and the tragedy was not the acquisition of English but the abandonment of our own native language in the process. Tim Robinson, in his book "Connemara", has given a perceptive account of the history of this region in the nineteenth century and compares the now English-speaking North Conamara to the Irish-speaking or **Gaeltacht** area: "This history, for so much of its course a river of sorrows, has flowed through and at times almost swept away a singular culture - not that of the provincial gentry, but of the humble farm- and fisherfolk, a culture which conserved ancient words and ways, and had its matted and tenacious roots in a sense, deeper than any economic or legal realities, of being in its own place. As the Irish language withdrew, throughout the centuries of famines and modernisation, to its present lairs, principally in the south of the region, only a proportion of its oral lore was appropriated by English. But where Irish lives, that tradition is so voluble in story, song and placename that one wonders if Conamara's days and nights were longer formerly, to hear all that was said and sung in them of Conamara".

Johnny Chóil Mhaidhc Ó Coisdealbha

Mar dhrámadóir, mar aisteoir agus mar fhile is mó atá cáil ar Johnny Chóil Mhaidhc as Indreabhán agus, thar aon rud eile, mar chainteoir tráthúil, greannmhar. Ní bréag ar bith 'Rí-Éigeas an Bhéil Bheo' a thabhairt air. Cé gur le gaibhneacht a chuaigh sé i dtús a shaoil, mar a chuaigh a athair agus a sheanathair roimhe, is i gceárta na haigne atá sé ag saothrú le fada agus is leis an drámaíocht agus leis an aisteoireacht a luigh a chroí ó aois an-óg. Le linn dó a bheith ag dul chuig Scoil Oíche fuair sé an phríomhpháirt sa dráma *An Dochtúir Bréige* agus bhuaigh sé bonn óir ar a chuid aisteoireachta i dTaibhdhearc na Gaillimhe. Dráma grinn a bhí ann agus rinne sé suas a intinn drámaí grinn a scríobh é féin. Fuair sé duais Oireachtais ar a chéad dráma, *Pionta Amháin Uisce* agus ansin scríobh sé *An Tincéara Buí*, *Mar a Chéile Muid*, *Ortha na Seirce* agus roinnt drámaí eile nach bhfuil aon tuairisc orthu anois. D'fhoilsigh Cló Iar-Chonnachta dhá dhráma grinn leis i 1995, *An Cruastóir agus An Mhéar Fhada* agus tá an chuid is fearr dá chuid filíochta agus agallamha beirte le fáil in *Buille Faoi Thuairim Gabha* a d'fhoilsigh Cló Iar-Chonnachta i 1989. Tá Johnny pósta le Bríd Ní Chonghaile as Árainn agus tá triúr mac acu, Seán, Aongus agus Colm Éinne. Is ball d'Aosdána é.

Johnny Costelloe, better known as Johnny Chóil Mhaidhc, from Indreabhán (Inverin), is a well-known dramatist, actor, poet and wit. A blacksmith by trade, he has written many comedies in Irish and has both produced and acted in them in schools and parish halls all over Conamara. A collection of his poetry and dialogues, Buille Faoi Thuairim Gabha *has been published by Cló Iar-Chonnachta and are of a more serious and philosophical nature. Johnny has acted in many films, including Jim Sheridan's* The Field *and Bob Quinn's* Poitín *and* Scéal an Easbaig. He is a member of Aosdána.

Pléaráca Chonamara

An American Mór

John William Seoighe

Duine de 'Sheoighigh Inis Bearachain' é John William – an triúr iomróirí cáiliúla ar chum Veailín Dhonnchú (nach maireann) as an mBánrach Ard an t-amhrán fúthu nuair a bhuadar rásaí na gcurachaí canbháis istigh i nGaillimh ag an Tóstal i lár na gcaogaidí. Bhí John William Seoighe ar an mbuille tosaigh an lá sin, Máirtín Chóilín Seoighe ar an mbuille láir agus John Mháirtín Seoighe (nó John Bhaibín) ar an mbuille deiridh. Tá cáil na seoltóireachta freisin ar John William. Ba dá athair agus dá uncail, William agus Máirtín Seoighe, a rinne Máirtín Ó Cathasaigh as Maínis an ghleoiteog ar baisteadh *Bláth na hÓige* uirthi an lá ar sádh í in Inis Bearachain "agus í ina craiceann geal gan tearra fós". Morgan Ó Maoilchiaráin a chaith cupán fuisce léi agus a bhaist *Bláth na hÓige* uirthi; níor bhris an cupán ach baisteadh an bád. Thugtaí *Bád William* uirthi freisin, agus tugtar *Bád Bhaibín* uirthi i ndiaidh Bhaibín Reilly a bhí pósta ag Máirtín Seoighe. Tá sí anois ag Pádraig Ó Cualáin as Carna agus bíonn John William á gabháil go minic fós. Bhí sé ag rith móna go Cill Mhuirbhigh inti agus gan é ach ceithre bliana déag. D'athraigh William Seoighe agus a chomhluadar amach go hInse Ghainimh go gairid sular rugadh John ach d'athraigh John isteach go hInis Bearachain roinnt bhlianta tar éis dó Bríd Ní Chonghaile (Bríd Joe Mhicil Hughie) as an oileán sin a phósadh i 1943.

John William Seoighe (Joyce), *the celebrated oarsman and helmsman, was born on the island of Inse Ghainimh in 1919, moved to his parents' island of Inis Bearachain in the fifties, joined members of his family in Boston in the mid-sixties, returned to Galway city for a period, and has been living in Ros a' Mhíl with his wife, Bríd (Conneely) since 1977. From the age of fourteen he ran turf to Aran and Clare in his father's and uncle's jointly owned boat,* Bláth na hÓige, *now owned by Pádraig Folan of Carna. The boat is sometimes called* Gleoiteog Bhaibín *after Baibín Reilly who was married to John William's uncle, Máirtín Seoighe.*

Joe Molloy
(Seosamh Ó Maoilia)

I gCorr na Móna atá a shaol caite ag Joe Molloy, áit a bhfuil garáiste agus caidéal peitril aige i lár an bhaile. Is sóisialach go smior é agus goilleann sé go mór air an oiread sin eachtrannach a bheith ag ceannach talún ba cheart a bheith i seilbh mhuintir na háite. Goilleann sé freisin air go bhfuil an oiread sin den ghlúin óg ag tréigean na Gaeilge ina cheantar dúchais.

Thosaigh Joe ag obair le Comhairle Contae na Gaillimhe i 1953, ag briseadh cloch ar an mbóthar ar dtús agus ina dhiaidh sin ag tiomáint inneall meilte cloch agus rollaire bóthair. Chaith sé seal ag obair leis an Can-Erin Mining Company ach i 1960 bhain drochthimpiste dó le linn dó a bheith amuigh ag fiach. Chuaigh urchar trína dhroim, rud a d'fhág sínte ar shlat a dhroma san ospidéal i nGaillimh é ar feadh seacht seachtaine déag agus a d'fhág drochphian air go ceann blianta fada ina dhiaidh sin. Rinne sé go leor léitheoireachta le linn dó a bheith tinn, rud a neartaigh an fhealsúnacht shóisialach a bhí aige roimhe sin. Bhí sé gníomhach i *gCumann Cearta Sibhialta na Gaeltachta* a bunaíodh i gConamara i ndeireadh na seascaidí agus bhí sé páirteach ina dhiaidh sin san eagraíocht phobail *Cumhacht*. Chaith sé seal ina uachtarán ar an *National Land League* atá tite as a chéile anois agus tá sé faoi láthair ina bhall gníomhach den *People's Movement for Social Justice* a bunaíodh i 1982. Philbíneach as Gleann Duachta a bhí ina mháthair agus saoiste le Coimisiún na Talún a bhí ina athair, Patrick Molloy, a raibh siopa beag aige i gCorr na Móna tráth.

An Líonán

Joe Molloy from Corr na Móna has been a lifelong campaigner for social justice and is very critical of our politicians and our political system. He has been president of the National Land League *and is vociferous in his opposition to non-nationals coming in and buying up large tracts of land. He believes the Church in this country has been too silent on social issues, having aligned itself with big business and the better off in our society.*

Comórtas Peile na Gaeltachta

Treasa Ní Mhiolláin

Is as An Sruthán in Árainn an t-amhránaí cáiliúil sean-nóis Treasa Ní Mhiolláin, an duine is óige de sheachtar clainne a bhí ag Micheál (Michael Sheáin Mhicil) Ó Miolláin agus Bairbre (Baba Pheige Cheaite) Ní Dhireáin as Bun Gabhla. Chuaigh sí chuig Scoil Eoghnachta agus chuig Gairmscoil Éinne agus ansin thug sí Londain Shasana uirthi féin. Chaith sí roinnt mhaith blianta anonn is anall nó gur chuir sí fúithi i mBaile Átha Cliath i 1975. I 1984 d'fhill sí ar Árainn le haire a thabhairt dá máthair a fuair bás i 1992. Bhíodh an-éileamh ar a máthair mar amhránaí i dtithe ceoil agus ag bainiseacha nuair a bhí sí óg. Bhíodh siopa beag sa Sruthán ag a muintir go bhfuair a hathair bás nuair nach raibh Treasa ach ceithre bliana déag.

Is i ndeireadh na seascaidí a thosaigh Treasa ag casadh go poiblí nuair a chuir sí isteach ar an Oireachtas den chéad uair. Ghnóthaigh sí Comórtas na mBan agus Corn Uí Riada i 1972 le "Cúirt Bhaile Nua" agus "Sagart na Cúile Báine". Ó sheanfhear as Cill Mhuirbhigh a raibh Pat Phaddy air, is mó a chuala sí "Sagart na Cúile Báine". Ghnóthaigh sí Corn Uí Riada arís i 1979 agus deir sí gur spreag an tOireachtas go mór í le hamhráin nua a fhoghlaim. Bronnadh **Gradam Shean-Nós Cois Life** uirthi i 1996. Tá amhráin léi le fáil ar cheirníní Ghael-Linn agus ar an gcaiséad *An Clochar Bán* (CIC 022) a d'fhoilsigh Cló Iar-Chonnachta.

Treasa Ní Mhiolláin (Teresa Millane), the well-known sean-nós singer from Aran won the prestigious Corn Uí Riada (Ó Riada Cup) at the Oireachtas in 1972 and again in 1979. She travels frequently to singing festivals all over Ireland, England, Scotland, Germany and Switzerland. Having lived for some years in London and in Dublin she returned to her native Aran in 1984, where she has been teaching Sean-Nós singing to schoolchildren on each of the three islands.

Diarmaid Mac an Adhastair (Dermot Darby)

Tábhairneoir, gliomadóir, snoíodóir adhmaid agus aisteoir den scoth – fear ildánach é Dermot, mac le Darby Nestor as an gCaisleán Gearr a chuir an chéad bhrat tearra ar an mbóthar ón Spidéal go Leitir Mealláin i dtús na dtríochaidí le linn dó a bheith ina thiománaí rollóra le Comhairle Contae na Gaillimhe. Phós Darby Neilí Réamoinn (Nic Dhonncha) a raibh teach ósta ag a muintir – Tigh Réamoinn Liaimín i mBéal an Daingin – agus le himeacht aimsire Tigh Darby a tugadh air. D'oscail Darby an chéad teach pictiúr i gConamara Theas i 1956 agus d'athraigh sé ina halla damhsa é i 1962. Chuir Dermot urlár nua agus balcóin ann i 1967 agus thosaigh sé ag tabhairt popcheoltóirí móra na linne isteach go ceartlár na Gaeltachta. Níorbh ionann feasta a bheith ag dul chuig an gcéilí is a bheith ag dul chuig an gceol Tigh Darby. Bhí os cionn aon chéad déag duine sa halla oíche Luan Cásca 1968 nuair a bhí Johnny Mc Evoy ansin, tar éis dá amhrán "Norah" barr na gcairteanna a bhaint amach an Satharn roimhe sin.

Rinne Dermot go leor aisteoireachta i ndrámaí Johnny Chóil Mhaidhc agus fuair sé ardmholadh faoina pháirt mar Shean-Phádraig Ó Conaire i ndráma Chriostóir Uí Fhloinn i dTaibhdhearc na Gaillimhe agus ar fud na tíre. Bhí páirt aige sa sraithdhráma teilifíse *Ros na Rún* ar RTÉ agus ina dhiaidh sin ar T na G, agus nuair a bhí David Lean ag déanamh *Ryan's Daughter* i nGaeltacht Chiarraí i 1969 ba é Dermot an taise (double) a bhí ag an aisteoir cáiliúil John Mills.

Dermot Nestor *from Béal an Daingin, who played actor John Mills' double in the film* Ryan's Daughter *in 1969, has been a keen amateur actor all his life. When John Mills nearly drowned while filming a currach scene off the Kerry coast Dermot, who is a skilled oarsman, rowed in as his double. When asked by David Lean if he would be willing to put to sea in a force nine gale Dermot's crafty reply was: 'I'll go out if the boat goes out!' He is married to teacher Maureen Hynes and they have two sons and a daughter.*

Dara Bán Mac Donnchadha

Is é Dara Bán an tríú duine is óige den dáréag clainne a tógadh tigh Sheáin Choilm 'ac Dhonnchadha ar an Aird Thoir, Carna, teach a raibh cáil na n-amhrán riamh air. "Róisín Dubh" an chéad amhrán is cuimhneach leis a chasadh, amhrán a chloiseadh sé a athair, Seán Choilm 'ac Dhonncha, agus a chomharsa, Seán Jack 'ac Dhonncha, a chasadh in éineacht – nós nach raibh coitianta an uair sin ná anois. Deir Dara Bán go raibh a dheartháir, Cólaí Bán, a bhásaigh go tobann i 1976, ina fhonnadóir ní b'fhearr ná é féin.

Is iad Mattie Joe Shéamuis Ó Fátharta agus Máirtín Jaimsie Ó Flaithearta a chuir ainm Dara Bán os comhair an phobail ar dtús i 1985 ar an gclár *Casadh an tSúgáin* ar Raidió na Gaeltachta. Ghnóthaigh Dara duaiseanna faoi agus thairis agus fuair sé an chéad áit ag Fleadh Cheoil na hÉireann, ach níor thug moltóirí an Oireachtais aitheantas ceart riamh dó agus d'éirigh sé as an gcomórtas sin ar fad. Chomh maith leis na seanamhráin mhóra a thabhairt leis óna mhuintir tá a chuid féin déanta freisin aige den chuid is mó de na hamhráin nua-chumtha. Ceapann go leor nach bhfuil sárú Dara Bán sa tír mar amhránaí sean-nóis. Tá roinnt dá stór mór amhrán le fáil ar na caiséid *An Meall Mór* (CIC 005) agus *Máire Rua – An Sean agus an Nua* (CIC 027) a d'fhoilsigh Cló Iar-Chonnachta.

Dara Bán (Mc Donagh) considered by many to be Ireland's finest living sean-nós singer, lives on his own in An Aird Thoir (Ard East), Carna in a house that has been famous for songs for generations. He is the third youngest of a family of twelve, all of whom were good singers and his brother, Colie Bán, who died suddenly in 1976 was, in Dara's opinion, a better singer than himself. Seosamh Ó hÉanaí (Joe Heaney), the renowned sean-nós singer who died in 1984, was born and reared in the house next door to Dara Bán. Some years before his death Joe asked Dara Bán to sing a song for the Clancy Brothers who were visiting there and when Dara finished the song Joe Heaney remarked: "This man is better than myself!"

Michael Mháire an Ghabha (Ó Ceannabháin)

Fonnadóir agus boscadóir é Michael Mháire an Ghabha a bhfuil aithne agus gean air ó cheann ceann na tíre. Fuair a athair, Tomás Mhaidhc Ó Ceannabháin, bás nuair nach raibh Michael ach dhá bhliain déag ach is cuimhneach leis a athair go maith "agus é sínte ar mhapa sa gclúid, a dhá láimh faoina cheann agus é ag casadh amhráin". Ag Feis Charna a dúirt Michael an chéad amhrán go poiblí in aois a chúig bliana déag; "Liam Ó Raghallaigh" a dúirt sé – amhrán a d'fhoghlaim sé óna mháthair. I dtús na seascaidí a chuir sé isteach ar an gcomórtas amhránaíochta ar an sean-nós ag an Oireachtas ar dtús agus tá sé ag tarraingt ar an bhféile go rialta ó shin. Ghnóthaigh sé Corn Tom Pháidín Tom sa Spidéal i lár na seachtóidí. Is é an chéad duine é ar bronnadh **Gradam Shean-Nós Cois Life** air nuair a bunaíodh an gradam sin i mBaile Átha Cliath ar dtús i 1993 agus fuair sé an chéad áit i gComórtas na bhFear ag an Oireachtas an

bhliain chéanna sin. Is maith uaidh "Johnny Seoighe" a rá – amhrán a cumadh ina phobal dúchais, Carna, le linn an Ghorta Mhóir. Tá sé pósta le Nóra Ní Shúilleabháin as Loch Con Aortha agus tá naonúr clainne acu agus iad ar fad níos ceolmhaire ná a chéile.

Michael Mháire an Ghabha (Canavan), well-known traditional singer and box-player from An Aird Thoir (Ard East), Carna, is probably Ireland's most popular visitor to Irish Language Cultural Festivals all over the country for the past twenty five years. He has devoted all his life to sean-nós singing and box playing and, together with his wife, Nora (O'Sullivan), has reared one of the most musical families in all of Conamara. Four generations of the Canavan family were heard singing and playing music on Raidió na Gaeltachta on the occasion of Máire an Ghabha's ninetieth birthday in March 1995.

Máire an Ghabha
(Bean Uí Cheannabháin)

Ar an 18ú lá de Mhárta 1905 a rugadh Máire an Ghabha ar an Aird Thoir i gCarna, rud a fhágann go bhfuil sí os cionn nócha bliain d'aois agus í fós ina cailín óg. Ní hé amháin go bhfuil cáil na n-amhrán uirthi féin agus ar a clann agus ar chlann a clainne ach bhí cáil na n-amhrán ar a máthair agus ar a máthair mhór roimpi, go háirithe na hamhráin bheannaithe. Chuireadh a máthair mhór, Máire Ní Ghríofa, iallach ar Mháire na seanphaidreacha ar fad a rá sula dtiteadh sí ina codladh chuile oíche. Creideann Máire gur óna máthair mhór a tháinig an leagan de "Chaoineadh na dTrí Muire" atá curtha ar cheirnín ag Seosamh Ó hÉanaí, ach gur "Caoineadh na Páise" a chuala sise air.

Nuair a bhí Máire naoi mbliana déag phós sí Tomás Mhaidhc Ó Ceannabháin a bhí trí bliana le cois an leathchéid. Cailleadh an chéad pháiste orthu nuair nach raibh sé ach cúig seachtainí agus bhuail an galar dubhach Máire ina dhiaidh. Fuair sí an ceann is fearr ar an ngalar dubhach trí dhul amach ar an bhfarraige sa mbád in éineacht lena fear agus le Peadar Ó Laoi a bhíodh ag iascach in éineacht leis. Ba é an Peadar Ó Laoi seo athair Joe Pheadair Uí Laoi, nach maireann, an seanchaí breá a bhíodh le cloisteáil go minic ag caint le Breandán Feirtéar ar Raidió na Gaeltachta sna seachtóidí agus sna hochtóidí.

Dara Ó Conaola

***Máire an Ghabha (Canavan)** who is over ninety years of age has an extraordinary store of religious songs and prayers that were handed down to her by her grandmother and mother. At nineteen years of age she married Tomás Ó Ceannabháin who was fifty three, reared nine children and is now busy teaching songs and airs to her musically talented grandchildren. It was Máire an Ghabha's rendition of "Caoineadh na dTrí Muire" (Lament Of The Three Marys) that inspired Angela Partridge's (Angela Bourke's) book of the same title, on the theme of Christ's Passion in oral poetry in the Irish Language.*

Josie Sheáin Jack (Mac Donncha)

As an Aird Thiar i gCarna é Josie agus tá sé ar dhuine de thriúr fonnadóirí a bhfuil Corn Uí Riada buaite trí huaire acu i gComórtais Amhránaíochta Sean-Nóis an Oireachtais. (Is iad Nóra Ghriallais agus Nioclás Tóibín an bheirt eile). I 1963 a chuir sé isteach ar an Oireachtas ar dtús agus i 1971 a ghnóthaigh sé Corn Uí Riada den chéad uair. Duine é den cheathrar mac a bhí ag Máire Ní Uaithnín as an Más, nach maireann, agus ag an bhfonnadóir cáiliúil Seán Jack 'ac Dhonncha, a bhásaigh i 1986 agus a ghnóthaigh duaiseanna ag an Oireachtas é féin sna ceathrachaidí.

Tá cáil na seoltóireachta ar Josie chomh maith le cáil na fonnadóireachta; bhíodh gleoiteog ag Seán Jack agus ag Jack roimhe sin, go dtí gur díoladh í i ndeireadh na gcaogaidí nuair

Foirnis, Leitir Mealláin

Foirnis, Leitir Mealláin

a cuireadh ceann de bháid iascaigh Ghael-Linn ina háit. Bhíodh an fonnadóir cáiliúil eile, Seán Choilm 'ac Dhonncha, sa ngleoiteog le Seán Jack agus sheol Séamus Ennis agus an dá Sheán as Cloch na Rón (Roundstone) go Carna inti ar ócáid cháiliúil, cheolmhar amháin, le linn do Ennis a bheith ag bailiú béaloidis in Inis Niaidh. Tá amhrán breá freisin ag deartháir Josie, Johnny Sheáin Jack, agus tá iníon Johnny, Róisín Nic Dhonncha, ina ceoltóir den scoth ar an bhfeadóig bheag agus ar an bhfeadóig mhór.

Josie (Sheáin Jack) Mc Donagh, one of Carna's fine sean-nós singers and son of the famous singer Seán Jack 'ac Dhonncha, has spent all his life in his native Carna. In the mid-sixties he played the leading role in a black and white film called The Irishmen – An Impression of Exile, *depicting the plight of young men from the west of Ireland who were forced to emigrate to England. Josie is as well-known for his sailing skills as he is for his sean-nós singing and is one of the regular contestants in the Galway Bay Hooker regattas all over Conamara every Summer.*

Johnny Mháirtín Learaí
Mac Donncha

I Leitir Ard, Caiseal atá cónaí ar an amhránaí cáiliúil Johnny Mháirtín Learaí Sheáin Mháirtín Fhéilim 'ac Dhonncha. Ba í Nan Cheoinín a mháthair, aint leis na seoltóirí cáiliúla Pat Cheoinín agus Seán Cheoinín (nach maireann) agus is é Johnny is óige de cheathrar clainne. Is cuimhneach leis, nuair nach raibh sé ach deich mbliana d'aois, an t-amhrán "Caisleán Uí Néill" a scríobh ó chomharsa béal dorais, Feichín Sheáin Chormaic Ó Loideáin, fear a bhíodh go síoraí ag casadh amhrán, i mBéarla agus i nGaeilge. Bhíodh "The Boys of Mullaghbawn" aige agus "The Old Oak Tree" agus deir Johnny gur ar na haontaí a bhíodh i gCloch na Rón (Roundstone) a cheannaítí na bailéid Bhéarla seo ar phingin an ceann; d'fhoghlaimítí den bhileoig le solas na tine san oíche iad. Tá Johnny an-mholtach ar dhuine de na múinteoirí a bhí aige i Scoil Mhaorais, Bríd Bean Uí Chinnéide as Dumha Thuama i gContae Mhaigh Eo, a thug spreagadh agus misneach dó lena chuid amhrán.

I 1980 a chuir sé isteach ar an Oireachtas den chéad uair cé gur chomhairligh Joe Éinniú dó sin a dhéanamh i bhfad roimhe sin, nuair a chuala sé Johnny ag rá amhráin am éigin i lár na gcaogaidí. Ghnóthaigh Johnny Corn Uí Riada ag an Oireachtas i gCorcaigh i 1985 agus ní dheachaigh sé san iomaíocht ó shin.

Johnny Mháirtín Larry (Mc Donagh) from Letterard, Cashel, another of Carna's great sean-nós singers and winner of Corn Uí Riada in 1985, is one of Conamara's best-loved ambassadors of song. He remembers, as a child, hearing a neighbour, Feichín Ó Loideáin, tell Johnny's father that he had stayed awake the previous night counting his songs and that he counted 58. Johnny was later to meet another neighbour, the now famous Colm Ó Caoidheáin from nearby Glinsce, who gave the collector Séamus Ennis 212 songs. Some of Johnny's songs can be heard on the CD Contae Mhuigheo *(CICD 013) published by Cló Iar-Chonnachta.*

Aonach Mháma

Máirtín Pheaits Ó Cualáin

Fonnadóir cumasach é Máirtín a thug fonn leis ó thaobh athar agus máthar; bhí cáil mhór amhrán agus damhsa ar mháthair a athar, Cáit Feáirtí. Sa Teach Mór Thiar, Indreabhán, a rugadh agus a tógadh Máirtín agus bhí bean ar leith ar an mbaile sin a raibh an-tionchar aici air – Anna Fheilipe Ní Chualáin, a raibh scoth na n-amhrán aice i nGaeilge agus i mBéarla. Is uaithi a d'fhoghlaim Máirtín "Loingseach Bhearna", ceann de na hamhráin is fearr a chasann sé. Bhí go leor fonnadóirí breátha ina thimpeall nuair a bhí sé ag fás aníos – Nan Phaddy (Nic Diarmada), Baibín Phádraig Pheadair (Ní Choncheanainn), Máirtín William (Ó Fínneadha), Feilipe Pheadair Fheilipe (Ó Cualáin), Seáinín Ó Cualáin agus Pádraig Sheáinín (Ó Cualáin) agus, ar ndóigh, an t-amhránaí cáiliúil Máire Áine Ní Dhonnchadha nach raibh ach míle go leith soir an bóthar uaidh. Thóg Séamus Ennis amhráin ó Mháirtín i dtús na gceathrachaidí agus thóg Tomás de Bhaldraithe amhráin agus leaganacha cainte uaidh freisin. Ag Feis na Tulaí a dúirt sé a chéad amhrán ar ardán i 1945 agus fuair sé cuireadh chuig an Oireachtas leis. Is cuimhneach leis bualadh le Joe Éinniú den chéad uair ag Oireachtas na bliana 1946 agus tá cuimhne fós aige ar an 'amhrán saothair' breá a bhí ag Joe agus ag Seán Jack 'ac Dhonncha an bhliain sin; faoi dhéanamh snúda a bhí an t-amhrán, fonn "Mo Cheallacháin Fionn" leis agus bhuadar an comórtas leis.

*Martin Folan, better known as Máirtín Pheaits Ó Cualáin from Inverin, is a powerful traditional singer and has a fine selection of songs in Irish and in English. While working in Dublin in the forties he seldom missed an Oireachtas. Having spent some years in England he returned to his native Conamara in 1957, married Máire Ní Choisdealbha (Costelloe) and reared a family of four sons and four daughters, one of whom, Caitlín, is a fine sean-nós singer herself. Máirtín was the first guest singer at the Dublin-based festival **Sean-Nós Cois Life** in 1992 and is a regular and welcome visitor since then.*

Tomás (Tom Sally) Ó Flatharta

Aisteoir stáitse, teilifíse agus scannáin é Tom, cé gurbh í an mhúinteoireacht a ghairm bheatha go dtí gur éirigh sé aisti i 1995. Tá suim i ndrámaí aige ó bhí sé i rang na naíonán i Scoil Náisiúnta na Ceathrún Rua, tráth a bhfaca sé ceann de na drámaí a léiríodh Bríd Bean Uí Chonaire a bhí ag múineadh sa gCeardscoil ansin. "B'fhada liom go mbeinn sa gCeardscoil agus b'fhada liom go mbeinn i ndráma mé féin," a deir Tom. "Níl léamh ná insint scéil ar an méid a rinne an bhean sin ar son na drámaíochta." Chuaigh sé chun na Ceardscoile nuair a tháinig an t-am agus bhí sé i ndrámaí ansin. Bhí sé páirteach ina dhiaidh sin i go leor drámaí a léirigh Bean Uí Chonaire le hAisteoirí na Ceathrún Rua.

Tar éis dó cúrsa oiliúna dhá bhliain don Teastas Timire Gaeilge a dhéanamh i mBaile Átha Cliath faoi cheannas Dhiarmaid Uí Dhrisceoil (nach maireann) chaith sé seal ag múineadh i gCill Chainnigh, ach is nuair a thosaigh sé ag múineadh i gCarna i 1955 a luigh sé isteach leis an drámaíocht i ndáiríre, mar dhuine den ghrúpa cáiliúil aisteoirí amaitéireacha *Aisteoirí Loch Con Aortha*. Chaith sé aon bhliain déag ag múineadh i mBaile Átha Cliath ina dhiaidh sin agus bhí sé i go leor drámaí i Halla an Damer, áit a mbíodh amharclann Ghaeilge á reachtáil ag Gael-Linn. I gColáiste Cholm Cille in Indreabhán a chríochnaigh Tom a shaol múinteoireachta agus tá sé ina chónaí ar an mBánrainn.

Tom Sally Ó Flaithearta (O'Flaherty), distinguished actor and producer from Carraroe, taught Irish in many parts of Ireland before retiring in 1995. He acted in the Irish language-teaching television series Labhair Gaeilge Linn *(Speak Irish to Us) on RTÉ in the mid-sixties, in two of Bob Quinn's films,* Poitín *and* Scéal an Easbaig *and has played the part of Dan O' Dea in* Famine *with the Galway-based professional theatre company* Druid *in 1984. He toured the country in 1996 with the Abbey Theatre's production of Máirtín Ó Cadhain's* Cré na Cille *in which Tom played the part of Seáinín Liam and he played the part of Cóilín in Teilifís na Gaeilge's first soap* Ros na Rún.

Gasúir Chonamara

Cóilín agus Meaig (Sheáin Dharach) Seoighe

Damhsóir cáiliúil ar an sean-nós é Cóilín Sheáin Dharach a bhfuil cónaí air ar an gCladach Ó Dheas i Ros Muc in éineacht lena dheirfiúr Meaig, a dhearthair John (an t-amhránaí cáiliúil) agus mac deartháir leo, Tommy. Phós Meaig Colm Mhicil Mháire Ó Gríofa as Cladhnach i mBogner Regis i Sasana i Meitheamh na bliana 1939 ach nuair a thosaigh an Dara Cogadh Mór níos deireanaí an bhliain chéanna sin tháinig said abhaile go Cladhnach agus chuireadar fúthu tigh Sheáin Mhicil Mháire, deartháir Choilm. Chuaigh Colm ar ais san Arm ar an Rinn Mhór agus chaitheadar cúpla bliain i nGaillimh, ach cailleadh Colm go hóg agus d'aistrigh Meaig agus a seachtar clainne isteach i dteach a muintire ar an gCladach Ó Dheas in éineacht le Cóilín agus le John. Aon iníon amháin a bhí aici agus tá sí sin pósta le Sonaí Chóil Johnny i Leitir Mucú. Tá mac léi, Micil Ó Gríofa, pósta i mBaile na hAbhann agus tá an mac is sine, Cóilín eile, ina chónaí i mbéal an dorais aici ar an gCladach Ó Dheas.

Cé go raibh cáil an damhsa agus na n-amhrán ar mháthair Chóilín agus Mheaig, Nóra Ní Niaidh as An Tuarlach, níor thosaigh Cóilín féin ag damhsa go raibh sé deich mbliana fichead. Is iad na boscadóirí Johnny Connolly, Sonaí Choilm Learaí agus Kevin Coyne na ceoltóirí is fearr leis. Bhí sé sna seachtódaí nuair a bhuaigh sé Corn Mháirtín Beag Ó Gríofa sa gcomórtas damhsa ar an sean-nós atá á reachtáil ón mbliain 1991 ag Pléaráca Chonamara i gcomhar le Tigh Sé ar an gCeathrú Rua. Damhsóir cáiliúil as An Ros ar an gCeathrú Rua a bhí i Máirtín Beag Ó Gríofa agus tá an comórtas buaite faoi dhó ag mac le Máirtín Bbeag, Noel Ó Gríofa. Tá sé buaite faoi dhó freisin ag Cóilín Sheáin Dharach.

Mag and Cóilín Joyce *from Ros Muc, together with their brother John and nephew Tommy, live contentedly in the old family home in Cladach Ó Dheas (South Shore), where Cóilín dances to John's box-playing and where Mag keeps house and dances the odd reel herself at the age of 85. Cóilín, who is in his seventies, has twice won the traditional dancing competition sponsored in the early nineties by Pléaráca Chonamara and Carraroe publican, Aodán Ó Sé, in memory of the late Máirtín Beag Ó Gríofa, a famous local traditional dancer.*

Josie Seoighe

John Sheáin
Dharach Seoighe

Ar an gCladach Ó Dheas i Ros Muc atá a shaol caite ag an gceoltóir agus ag an amhránaí breá seo, seachas aon gheábh amháin a thug sé go Sasana ar an mBeet i 1950. Duine é den ochtar clainne a bhí ag Seán Dharach Seoighe agus ag Nóra Ní Niaidh as An Turlach, bean a raibh amhráin agus damhsa aici agus a bhuaigh duais ar a cuid damhsa i gCarna nuair a bhí sí ina cailín óg. Is uaithi a thug John na hamhráin agus is dóigh gur uaithi a thug a dheartháir, Cóilín Sheáin Dharach, an damhsa.

Thosaigh John ag casadh an bhosca ceoil go gairid tar éis dó Scoil an Turlaigh Bhig a fhágáil, áit a raibh Stiofán Ó hOisín ina phríomhoide aige – mac le Maggie Hession ar bhailigh Mrs. Costello Thuama lear mór amhrán uaithi le cur ina leabhar cáiliúil, *Amhráin Mhuighe Seóla*. Ach an oiread lena dheartháir, Cóilín agus a chuid damhsa, is deireanach go maith ina shaol a bhain John cáil amach lena chuid amhránaíochta, nuair a chuir sé isteach ar chomórtas sean-nóis an Oireachtais in Inis i 1990. Tá éileamh mar aoi-cheoltóir ó shin air ag cumainn amhránaíochta traidisiúnta mar **Góilín** i mBaile Átha Cliath agus **Sean-Nós Cois Life**. Bhí aithne mhaith aige ar Sheán Chóilín Ó Conaire (1913 – 1991) agus is uaidh a d'fhoghlaim sé "Bá Inis Gé" agus "An Gabha Ceártan".

John (Sheáin Dharach) Joyce, traditional singer and box-player, has been singing and playing music in his native Ros Muc since he was a teenager but not until he sang at the Oireachtas Sean-Nós Singing Competition in Ennis in 1990 did he receive the recognition he so richly deserves. He shares the family home in Cladach Ó Dheas with his older sister, Margaret (Mag) Griffin, his award-winning dancing brother, Cóilín and their nephew, Tommy. He learned many of his songs from his mother, Nóra Nee from nearby An Turlach, who was also a fine dancer.

Toner Ó Coinn & Brian Ó Sé

Tom Bheairtle Tom Ó Flatharta

Ar an Lochán Beag in Indreabhán atá cónaí ar an scéalaí cáiliúil Tom Bheairtle Tom. Scéalaí mór a bhí ina athair roimhe agus an scéal a chloiseadh Tom anocht bhíodh sé in ann é a insint amárach. Tigh Chóil Choilm agus i dtithe cuartaíochta eile timpeall air a thosaigh sé ag insint scéalta é féin nuair a bhí sé a cúig déag nó a sé déag de bhlianta.

Tógadh an oiread scéalta óna athair, gan luach saothair ar bith a thabhairt dó ar a son, gur gheall Tom go ligfeadh sé na scéalta as cuimhne sula dtarlódh an rud céanna dó féin. Is mór is fiú gur chuir daoine mar Phádraig Ó hÉalaí, Maidhc P. Ó Conghaile agus Tom Phaddy Mac Diarmada ina luí air a intinn a athrú agus thosaigh sé arís ag insint scéalta do mhic léinn in Ollscoil na Gaillimhe agus ar an gclár *Trian le Scéalaíocht* ar Raidió na Gaeltachta. Tá duaiseanna gnóite ag an Oireachtas aige agus tá roinnt dá chuid scéalta curtha ar chaiséad ag Cló Iar-Chonnachta (CIC L18).

Tá suim mhór sna sean-amhráin ag Tom freisin agus bhí amhrán breá ag a mháthair, Máire Ní Chonghaile – bean de mhuintir Dhubháin aniar as an Trá Bháin, arbh as Árainn a hathair agus ar aistrigh a muintir go hÁrainn tar éis do Mháire pósadh. Is as an gCnoc, Na hAille, bean Tom, Eibhlín agus tá beirt mhac agus triúr iníon acu.

Tom Bheairtle Tom Ó Flaithearta (O'Flaherty), well-known storyteller from An Lochán Beag, Inverin, has been a contributor to Raidió na Gaeltachta's storytelling series Trian le Scéalaíocht. *He has won prizes at the Oireachtas and some of his stories are available on cassette from Cló Iar-Chonnachta (CIC L18). His father, Beairtle Tom, was also a famous storyteller and his mother, who was from An Trá Bháin, was a very fine traditional singer. Tom and his wife, Eibhlín, have three daughters and two sons.*

Máirtín Jamesie, Raidió na Gaeltachta

Máire Uí Chonaola

Máire Ní Cheallaigh a bhí uirthi sular phós sí – duine de cheathrar iníon a bhí ag Tom Kelly as Camus Íochtair agus ag Máire Joeen Bhreathnach as an Oileán Mór i Ros Muc, áit a raibh May Maude, máthair Chaitlín Maude, ag múineadh scoile tráth. Nuair a phós sí John Chóilín Tónaí Ó Conghaile as an nGairfeann i 1953 agus nuair a chuireadar fúthu i dTeach Eidhinn i Ros Muc (Tigh Phateen Dan tráth) bhí Máire ag filleadh ar dhúchas a máthar. Is fiú a lua anseo gur ag Cóilín Tónaí, athair John, a bhí an bád Cathasach a bhain cáil amach di féin níos deireanaí mar Ghleoiteog John Deáirbe, nó an *Caroline Ann*. Ní bhíodh uirthi an uair sin ach dhá sheol agus ní thugtaí uirthi ach Púcán Chóilín Tónaí. Bhíodh sí feistithe le taobh Bhád Chonroy i gCéibh an Ghairfinn agus ag cur daoine anonn is anall go Béal an Daingin is mó a bhíodh sí.

Go Scoil Leitir Mucú a chuaigh Máire agus bhain sí amach an Teastas Grúpa i nGairmscoil na bPiarsach i Ros Muc ina dhiaidh sin. Chaith sí ocht mbliana i mBaile Átha Cliath, áit a raibh sí gníomhach i gConradh na Gaeilge agus ina ball den Choiste Gnó. Bhásaigh a fear go hóg agus thóg sí ceathrar clainne, triúr iníon agus mac, ag coinneáil scoláirí a bhíodh ag freastal ar chúrsaí Gaeilge i Ros Muc. Ó d'fhás an chlann suas tá sí gníomhach ar choistí áitiúla agus tá sí an-ghníomhach i bPléaráca Chonamara ó bunaíodh an scéim ealaíon pobail sin i 1991.

Ros Muc

Máire Uí Chonaola (Conneely), Mary Kelly from Camus originally, is an active member of Pléaráca Chonamara, the Conamara Community Arts Scheme and of TCA (Turasóireacht Chonamara agus Árann – Conamara and Aran Tourism). Having spent eight years in Dublin she returned home, married John Conneely from Ros Muc in 1953 and reared three daughters and a son in Teach Eidhinn (Ivy House), one of the best known guesthouses in Ros Muc. Her husband, John, died when the family was still young.

Tom Phaddy
Mac Diarmada

Tá aithne ar fud na hÉireann ar Tom Edward Phaddy as An Lochán Beag mar scéalaí, mar reacaire agus mar fhear scléipe agus comhluadair. Ocht mbliana a bhí Tom nuair a mharaigh mianach cogaidh (an *mine*), a athair agus ochtar eile, ar an 15ú lá de Mheitheamh 1917, 'Lá an Aonaigh Bhig' a bhíodh ar an Spidéal. Le linn a óige bhíodh Tom go síoraí sna tithe airneáin ag éisteacht le scéalta; bhíodh suas le hochtar scéalaithe den scoth ar an tseansráid ar An Lochán Beag an uair sin.

Bhí Tom i mBaile Átha Cliath ag Athbheochan an Oireachtais i 1939 agus níor chaill sé aon Oireachtas ó shin ach péire; níor chaill sé mórán duaiseanna dá raibh ag imeacht ach an oiread, go háirithe sa scéalaíocht.

Chaith sé séasúr ar an mBeet i Sasana, seal eile ag obair 'ar an móin' i mBaile Átha Cliath le linn an chogaidh, seal bliana nó mar sin ar Scéim na dTithe Gloine i gCois Fharraige tar éis an chogaidh, agus chaith sé ceithre bliana fichead (1950 – 1974) ina fheighlí i Réadlann Dhún Sionca i mBaile Átha Cliath, 'ag fosaíocht réaltógaí', mar a chuir a sheanchomrádaí, Máirtín Ó Cadhain, go greannmhar é. Ní mórán codlata a d'fhaigheadh sé féin ná a bhean, Nan, le linn an Oireachtais i rith na mblianta sin. Is i 1948 a phós sé Nan Seoighe i séipéal Thír an Fhia agus thógadar ceathrar clainne le Gaeilge i nDún Sionca i mBaile Átha Cliath. Tá Tom agus Nan ar ais ar an dúchas i gConamara anois agus cónaí orthu ar An Lochán Beag.

Tom Phaddy (McDermott) is a household name not only in his native Conamara but in every corner of Ireland where the Irish language is spoken. At 87, he is still as fine a storyteller and raconteur as he ever was and can still sing a very fine sean-nós song. Together with his wife, Nan (Joyce), they have reared three daughters and a son in Dunsink Observatory in Dublin where Tom was caretaker for twenty four years (1950 – 1974). Tom and Nan are back home in Conamara now and living in Lochán Beag.

Capaillín Chonamara

Johnny Báille

Is le Johnny Báille as an Doirín Glas, ach a bhfuil cónaí air i nGaillimh anois, an bád mór cáiliúil "An Capall" agus is dá shin-seanathair, Tom Báille, a déanadh ar dtús í. Is é Peatsa Phádraig Fhiacha Mac Donncha, siopadóir agus saor báid (seanathair Niocláis 'Nicko' Uí Chonchubhair as Leitir Móir), a leag cílle, posta agus ball An Chapaill thart ar an mbliain 1860; Micil Ó Ráinne as Leitir Calaidh a chríochnaigh í. Ag tarraingt mhóna go Co. an Chláir agus go hÁrainn is mó a bhíodh sí ar dtús agus an mhóin a baineadh ar an láthair a bhfuil séipéal Chill Chiaráin tógtha anois air, is sa gCapall a tugadh go Gaillimh le díol í. Is sa mbliain 1879 a críochnaíodh séipéal Chill Chiaráin.

Is é Johnny an duine is sine de dheichniúr clainne, cúigear iníon agus cúigear mac, a bhí ag Píotar Báille as an Doirín Glas agus ag Máire Mhichael Pheaits (Griallais) as Muiceanach, deirfiúr leis na bádóirí cáiliúla Pádraig agus Dudley Ghriallais. Ní raibh Johnny ach seacht mbliana nuair a chuaigh sé go Cinn Mhara in éineacht lena athair le lucht móna agus bhí sé ina mháistir ar An gCapall nuair a bhí sé seacht mbliana déag. Fuair Johnny an trálaer Naomh Cáilín i 1959 agus chuaigh sé ag iascach inti. Chaith An Capall blianta fada sa Sruthán Buí go dtí Aoine an Chéasta 1974, tráth ar tugadh ar cheann téide go Dún Mánuis í, áit a ndearna Colm Mhichael Labhráis suas as an nua í. (Tá cuntas breá ar An gCapall ag Ruaidhrí Ó Tuairisg san iris *Pléaráca '94*).

Johnny Bailey, owner of the Galway Hooker "An Capall", was born in Doirín Glas, Lettermore, in 1932 and is the fourth generation of Baileys to own the famous sailing boat. At the age of seven, Johnny accompanied his father to Kinvara with a load of turf and was given a present of a bucketful of apples by Bartleen Birmingham, the Kinvara shopkeeper who purchased the turf; it is Johnny's fondest childhood memory. He now lives in Galway with his wife, Barbara and the fact that they have five sons and five daughters should ensure a Bailey at the helm of An Capall for at least another generation.

Baba Báille

Baba Dan Mhaoláin a bhí uirthi sular phós sí Johnny Báille – iníon le Dan Mhaoláin as Doire Fhátharta. Bhíodh báid mhóra ag muintir a máthar, clann Mhicil an Chaiptín (Droighneáin) as Doire Fhátharta freisin. Ag dul chuig an scoil ar an gCeathrú Rua as Doire Fhátharta ar an mbus a bhí Baba maidin nuair a d'íoc Johnny táille an bhus di leis an stiúrthóir, Seáinín Barrett, nach maireann. Ar a bhealach go Sasana ar an mBeet a bhí Johnny an lá sin agus pingin a bhí ar an ticéad ó tigh Dan Mhaoláin go dtí an Cheathrú Rua; ba í an phingin ba chiallmhaire a chaith sé riamh í! Casadh ar a chéile i nGaillimh blianta ina dhiaidh sin iad; bhí an trálaer *Naomh Cáilín* ag Johnny an uair seo agus é ag iascach amach as Gaillimh inti. Ba é deireadh an scéil gur pósadh Baba agus Johnny i séipéal na Ceathrún Rua ar an dara lá de Rásaí na Gaillimhe 1962. Tá cúigear iníon agus cúigear mac anois acu agus cónaí orthu i lár chathair na Gaillimhe.

Taitníonn Gaillimh thar cionn le Baba ach deir Johnny gurbh fhearr leis a bheith thiar sa Doirín Glas, san áit ar tógadh é. Is sa Sruthán Buí, in aice leis an Doirín Glas, a choinníonn sé an bád mór cáiliúil *An Capall* atá ag a mhuintir le ceithre ghlúin daoine.

Barbara Bailey from Doire Fhátharta, known to her friends as Baba, met Johnny Bailey on the Galway bus, as she was on her way to school in Carraroe and he was on his way to England to work on the Beet. He paid her schoolgirl fare of one penny and years later they were married in Carraroe Church on the second day of the Galway Races 1962. They have five daughters and five sons and live in the heart of Galway city. Johnny fishes out of Galway in the Naomh Cáilín and he keeps his famous hooker An Capall in An Sruthán Buí, near his native Doirín Glas in Conamara.

Tess Bean Uí Chonghaile

Amhránaí cáiliúil í Tess a bhfuil cónaí uirthi i Leitir Mucú agus í pósta le Micheál Ó Conghaile nó Micí Ned Johnny mar is fearr aithne air. Ceallach as An Máimín í – iníon le Michael Kelly as Seanadh 'ac Mheas agus le hÁine Ní Mháille (Neainín Pheadair) as An Máimín. Ba é Aindí Ó Ceallaigh, a bhí páirteach le Beairtlí Ó Cuanaigh san amhrán cáiliúil *Pluid Dhorcha Leára*, seanathair Mhichael Kelly agus sin-seanathair Tess. B'as Aill na Graí i nDoire Né máthair a máthar, Máire Ní Chonghaile, duine de na Beairtlíní agus ba dheirfiúr le Tess í Mary Kelly, nach maireann, a bhí pósta ag Beairtlí Maher i gCladhnach.

Is í Tess an duine is óige d'aon duine dhéag clainne. Fuair sí neart seanamhrán óna hathair agus óna máthair agus neart cleachtadh amhránaíochta ó Shiúracha na Toirbhirte le linn di a bheith sa gcór sa Scoil Náisiúnta i dTír an Fhia. Is cuimhneach léi a bheith ag casadh sa gcór sin ag an slógadh mór faoin bPaidrín Páirteach a bhí ag Fr. Peyton ar an gClochán i dtús na gcaogaidí. Is cuimhneach léi freisin, agus gan í ach ina cailín beag, a hathair féin agus athair Jimmy Méalóid as Camus ag casadh chaon dara véarsa de "Mháire Ní Mhongáin" agus iad i ngreim láimhe ina chéile cois na tine sa teach sa mbaile sa Máimín; cuireadh Tess amach leis an mbuidéal a thabhairt isteach as an gcoca féir san iothlainn. Is óna hathair a fuair sí "Loingseach Bhearna" agus "Aithrí an Táilliúra", an dá amhrán a dúirt sí nuair a ghnóthaigh sí Corn na mBan ag an Oireachtas i 1981.

Tess Cᴐnnolly (Tess Kelly), the well-known singer from Leitir Mucú (Lettermuckoo), left her native Máimín (Maumeen) in the late fifties to become a trainee nurse in Manchester and Halifax, before marrying Mickey Connolly from Leitir Mucú and settling into a strong Irish-speaking community from Conamara in Huddersfield. Fr. Máirtín Lang, who was celebrant at their wedding and who tended to the social and spiritual needs of the Irish-speaking community in Huddersfield, was later to become Parish Priest of An Cheathrú Rua (Carraroe); Tess and Mickey also returned to Conamara where they have reared a fine family of six daughters and three sons.

Maidhc Cheannabháin

Amhránaí breá é Maidhc nár chuir isteach ar aon chomórtas riamh. Ar An Áth Buí, Aille, Indreabhán a tógadh é – mac le Pádraig Ó Ceannabháin, ar de bhunadh Ros Muc é, agus le Máire Ní Chonghaile (Máire Mhicil Mháire Leainde) as An Tuairín. Is é Maidhc an cúigiú duine d'ochtar clainne agus is deartháir é leis an Athair Colm Ó Ceannabháin atá ina shagart paróiste ar an gCeathrú Rua. Bhí na sean-amhráin ag athair agus ag máthair Mhaidhc agus is óna athair a thaifead Máire Áine Ní Dhonnchadha, nach maireann, "Neilí an Bhrollaigh Ghil" i 1957 – amhrán a tharraing an-phíosa cainte ar Raidió na Gaeltachta nuair a chuir Ian Lee ó RTÉ leagan Mháire Áine den amhrán amach ar dhlúthdhiosca agus caiséad, *Amhráin ar an Sean-Nós*, i 1995.

Fíodóir a bhí in athair Mhaidhc; d'fhoghlaim a mháthair an cheird óna athair agus d'fhoghlaim Maidhc an cheird ón mbeirt acu. Bhí Maidhc ag déanamh cornaí flainín go dtí deireadh na gcaogaidí nuair ab éigean dó éirí as de cheal snáithe, mar gur dhún monarcha snáithe Lydon i nGaillimh. Seans gurb é féin agus fear gaoil leis, Píotar Phádraig Pheadair (Mac Donncha) as An Tuairín, an bheirt fhíodóirí deireanacha a bhí ag cleachtadh a gceirde i gConamara Theas. Tá Maidhc pósta le Peigín Ní Chéide as An Lochán Beag agus tá iníon agus mac acu.

Doire Fhátharta

Maidhc Cheannabháin (Mike Canavan) *is a fine sean-nós (traditional) singer and is one of the very last weavers in Conamara to have practised the ancient craft. Having picked up the trade from his father and mother, Maidhc bought a new loom in Ardara, Co. Donegal when the old one fell asunder, but had to abandon his profession in the late nineteen fifties when woollen thread was no longer available from Lydon's Mills in Galway. Mike is married to Pégeen Keady from An Lochán Beag and they have one daughter and one son.*

Muiceanach-Idir-Dhá-Sháile

Meáirt Churraoin

As Na hAille, Indreabhán é Meáirt Churraoin. Tá a shaol caite aige ag cumadh filíochta agus agallamha beirte agus chaith sé blianta fada ag plé le drámaí i ranganna oíche Sonaí Duignan. Chum sé agallamha beirte a bhuaigh duaiseanna Oireachtais do dhaoine eile ach níor chuir Meáirt féin isteach ar aon chomórtas riamh. Bhí sé ar An Achréidh go minic i dtús na dtríochaidí nuair a bhí scoth na Gaeilge ag na feilméaraí i mBaile Chláir, ar an gCarn Mór agus in Eanach Cuain.

Ba é Meáirt a ba shine d'ochtar clainne a bhí ag Pádraig Ó Curraoin as Na hAille agus ag Nóra Ní Choisdealbha (Nóra Aindí) as an gCaorán. Bhíodh capall agus carr ag a athair agus théadh sé go Gaillimh le hualach móna faoi dhó sa tseachtain. Bhíodh go leor de fhir Chois Fharraige á dhéanamh sin ag an am agus bhíodh na mná ag tabhairt ime agus uibheacha go Gaillimh i gcléibh ar a ndroim. Is cuimhneach le Meáirt go mbíodh carranna capaill ag tabhairt móna go Gaillimh as bailte chomh fada siar leis an mBánrainn, aistear fiche míle. Tá Meáirt pósta le Mairéad Ní Shúilleabháin as Cuan na Loinge agus tá ochtar clainne orthu, cúigear iníon agus triúr mac. Tá sé in ann a chuid filíochta agus a chuid amhrán a aithris de ghlanmheabhair fós agus é trí bliana is ceithre scóir. Tá ábhar leabhair curtha le chéile aige agus iad beagnach réidh le cur chuig an bhfoilsitheoir. Níor cheart go ndéanfaí dearmad ar fhilíocht Mheáirt Churraoin.

***Meáirt Churraoin (Martin Curran)** from Aille, Indreabhán, who was born in 1913, has seen many changes in Conamara and has recorded some of them in one of his fine poems, "Athrú Saoil". He remembers when the farmers of Claregalway, Carnmore and Annadown, for whom he worked as a young man, spoke only Irish to him. He now enjoys listening to Raidió na Gaeltachta and reciting to himself the many fine poems and songs he composed throughout his life.*

Bríd, Bean Uí Dhireáin
(Bríd Ní Ghiolláin)

I bhFearann an Choirce in Árainn a rugadh agus a tógadh Bríd Ní Ghiolláin, mar is fearr aithne uirthi, agus is ann a shlánaigh sí céad bliain i mí na Samhna 1995. De réir leabhar Tim Robinson, *Stones of Aran : Labyrinth*, is as Contae Liatroma a tháinig na Giolláin go hÁrainn am éigin roimh dhaonáireamh na bliana 1821, tráth a raibh Peter Gillan, fíodóir, mar aon lena bhean, Rose, agus a seisear clainne ar liosta an daonáirimh. 'Róise Mhór' a thugtaí in Árainn uirthi. Bean chabhartha a bhí inti agus bádh amach ó Inis Meáin í le linn stoirme.

Bhí Bríd ag dul chuig Scoil Náisiúnta Fhearann an Choirce ag tús an chéid le linn do Dháithí Ó Ceallacháin a bheith ina phríomhoide ansin agus le linn don Athair Ó Farachair a bheith ina shagart paróiste ar an oileán. Is ar an aighneas fíochmhar a tharla idir an bheirt fhear cheanndána seo atá úrscéal cáiliúil Liam Uí Fhlaithearta *Skerrett*, bunaithe.

Bhí Bríd gníomhach i gCumann na mBan le linn di a bheith ina banaltra páistí i mBaile Átha Cliath. Chuaigh sí go Meiriceá nuair a bhí sí seacht mbliana fichead, áit ar phós sí Éamonn Ó Direáin as Árainn. Fuair sé bás go hóg, ach nuair a tháinig sí abhaile blianta fada ina dhiaidh sin phós sí a dhearthár, Pádraig, athair Stiofáin Uí Dhireáin, ar leis *Gilbert Cottage*.

Gasúir Árann

Bríd Dirrane (Bríd Gillan) *from Fearann an Choirce (Oatquarter) in Aran, who celebrated her hundredth birthday in November 1995, had spent 39 years nursing in the United States of America before retiring home to Aran in 1966. In her youth she went to Tipperary as a priest's housekeeper where she joined Cumann na mBan, the women's nationalist organisation founded by Countess Markievicz. Both there and later in Dublin, where she became nurse to the children of General Mulcahy, she carried food and messages for IRA men on the run.*

Stiofán Ó Cualáin

Má tháinig deireadh leis na máistrí rince ar fud na hÉireann ag tús an chéid seo tháinig duine díobh ar ais go Ceantar na nOileán i gConamara nuair a tháinig Stiofán Ó Cualáin as Carna ag múineadh scoile ar oileán Inis Bearachain i 1952. Mhúin sé damhsa do pháistí Chonamara i ngach scoil ó Leitir Mealláin go Ros a' Mhíl agus thug sé deis do phobal fásta Chonamara breathnú orthu ag damhsa ar an ardán ag an aeraíocht mhór a d'eagraigh sé i Leitir Móir chuile bhliain ar feadh ocht mbliana déag. Ag breathnú ar dhaoine ag damhsa ar an sean-nós i dteach

a mhuintire i Roisín an Tamhnaigh i gCarna nuair a bhí sé ina bhuachaill óg a d'fhoghlaim sé na bunchéimeanna ar dtús agus thosaigh sé féin ag cur leo de réir a chéile.

D'fhág sé an ceantar arís i 1969 agus rinne sé cúrsa traenála dhá bhliain i Luimneach, rud a d'fhág ina shaineolaí é ar an gcuraclam nua a bhí ag teacht isteach i mbunscoileanna na tíre ag an am. Chaith sé seal ag múineadh i gClaí Bán i nGaillimh ina dhiaidh sin agus seal eile ag múineadh in éineacht le Johnny Simon Ó Ceoinín, nach maireann, i Scoil na hAirde

Róisín Ní Mhainnín

Móire. Chaith sé na seacht mbliana déag deireanach dá shaol múinteora ina phríomhoide ar an gCaiseal agus chuaigh sé amach ar pinsean i 1985.

Bhí Stiofán pósta le Caitlín Ní Dhúbháin, nach maireann, as Cill Rícill, a bhí ina banaltra i mBéal an Daingin agus thógadar naonúr clainne, ar An Leic i Leitir Móir ar dtús agus sa teach nua a thógadar i gCarna ina dhiaidh sin.

Stiofán Ó Cualáin (Stephen Folan) *whose name is synonymous with stepdancing in Conamara, spent 18 years (1952 – 1969) teaching on the island of Inis Bearachain, during which time he taught stepdancing in every primary school from Leitir Mealláin to Ros a' Mhíl. A native of Carna, he got his secondary education in St. Mary's College, Galway, and he spent five years teaching in Harrow on the Hill in London, before returning to Conamara. He was married to the late Kathleen Duane from Kilreekil and they had nine children.*

Pat Cheoinín

Tá Pat Cheoinín ag plé le báid mhóra ó rugadh i bhFínis é i 1915 agus tá cáil mhór air ag gearradh seolta agus ag buachan geallta. I nGaillimh atá cónaí air ó bhí sé an-óg agus tá sé ar An mBalla Fada ansin ón mbliain 1953. B'as Leitir Ard a athair agus bean de Chlainn 'ac Con Iomaire as Fínis a bhí ina mháthair. Ba chol ceathraracha leis Ciarán Choilm Mac Con Iomaire a mbíodh *An Áirc* aige agus Jimmy Choilm nó Séamus Mac Con Iomaire a scríobh *Cladaí Chonamara*. Ba dheartháir leis Seán Cheoinín, file agus bádóir (nach maireann) agus tá a gcuid seolta crochta chun na síoraíochta freisin ag a thriúr dearthár eile – Colm, Máirtín agus Jim. Tá a dheirfiúr, Máire (Uí Mhaoilchiaráin) i gCaladh Mháínse. Ó d'fhág Pat an scoil bhí sé ag tarraingt cheilpe go Gaillimh san *Áirc*, sa b*Pearl* (Nobby Josie Mongan) agus sa bh*Fág an Bealach* a bhíodh ag muintir Tommy Réamoinn i nGaillimh. Nuair a chríochnaigh na báid mhóra chuaigh Pat ag iascach. Cheannaigh sé an *Columbia* i 1940, "Nobby" de chineál Oileáin Mhanainn a rinne Cathasaigh Mháínse agus a chaith seal ag athair Dhonncha Uí Ghallchóir in Acaill sular cheannaigh Pat í. Bád dhá chrann a bhí sa "nobby", a thug Bord na gCeantar Cúng isteach ag deireadh an chéid seo caite. Fuair sé an *Ros na Rí* i 1953 agus is í a bhí aige gur cheannaigh sé an *Star of Faith* in Albain i 1965. Tá sé féin, in aois a cheithre scór, agus a bheirt mhac ag iascach as Ros a' Mhíl inti faoi láthair; go gcuire Dia ádh éisc orthu!

Leitir Móir

Pat Cheoinín (Pat Jennings), at eighty years of age, is one of the great Conamara boatmen of our time and is still in great demand for cutting sails for Galway Hookers. He was born on Fínis island in 1915 and, together with two of his sons, fishes out of Ros a' Mhíl in his trawler Star of Faith. *He lives on The Long Walk in Galway where, together with his wife, Nóra Joyce (Nóra Bhaibín) from Inis Bearachain, they reared a family of ten daughters and five sons.*

Sonaí Choilm Learaí Ó Conghaile

Ar an gCora Bhuí, Leitir Mealláin, atá cónaí ar Sonaí Choilm Learaí, a bhfuil cáil bainte amach aige lena cheol breá croíúil ar an mbosca agus lena bhanna ceoil, *Ceann Gólaim* – é féin, a bheirt mhac agus Beairtle Ó Domhnaill. Ó Phat Sheáin Chormaic (Ó Loideáin) as Baile na Cille a d'fhoghlaim sé leis an mbosca ceoil a chasadh nuair a bhí sé ina bhuachaill scoile agus, cé go raibh bosca beag sa mbaile aige b'fhada leis go mbeadh bosca ceart aige.

Ní raibh sé ach trí bliana déag nuair a chuaigh sé ag spailpínteacht go Contae an Chláir agus tar éis naoi seachtaine a chaitheamh ag obair ag feilméara ann tháinig sé abhaile agus bosca ceoil nua Paolo Soprani aige, agus rothar. Chaith sé trí bliana ar fad i gCo. an Chláir agus in oirthear na Gaillimhe agus ansin d'fhill sé abhaile agus chuaigh sé ag iascach. Chaith sé tamall ag iascach ar bhád Johnny Báille, an *Naomh Cáilín* agus ansin thug sé a aghaidh ar Shasana, áit a mbíodh sé ag casadh ceoil sna pubanna.

Seanadh Mhach'

I 1968 phós sé Nóra Ní Mhaoláin (Nóra John Mhichaelín Mhicil Teaimín) as Ceann Gólaim agus d'fhanadar sa mbaile ar feadh tamaill, ach nuair a rugadh an chéad pháiste thugadar a n-aghaidh ar Shasana arís. Tháinig siad abhaile agus shocraíodar síos ar an gCora Bhuí i 1974 agus tá idir cheol, amhráin agus damhsa ag a gclann – triúr iníon agus triúr mac.

Sonny Choilm Larry (Conneely), *the well-known box player from Cora Bhuí, Leitir Mealláin, was the first winner, in 1995, of the Pat Willie Perpetual Cup, a trophy commemorating another great Conamara box-player, Pat Willie Ó Gríofa (Griffin) who died in 1991. Sonny and his wife and their musical family were the subject of a fine television documentary programme by Breandán Feiritéar,* Tráth Dá Saol, *broadcast on RTÉ at Christmas 1993.*

Feistí Ó Conluain

As Baile Liam, An Spidéal an ceoltóir cáiliúil feadóige, Feistí Ó Conluain, mac leis an amhránaí cáiliúil Cáit Ní Choisdealbha (Bean Uí Chonluain) as Baile an tSagairt, An Spidéal, a fuair bás i 1973 in aois a hocht mbliana is ceithre scóir. Ba chol ceathar í leis an amhránaí Tom Pháidín Tom, nach maireann; Kate Sheáin Tom a thugtaí uirthi. B'as an Muileann gCearr athair Feistí, Micheál Ó Conluain. Bhí sé ina thimire Gaeilge agus ina dhiaidh sin ina mhúinteoir Gaeilge in Áth Luain. Deichniúr clainne a bhí ann agus ba é Feistí an dara duine ab óige. Deireadh Cáit, an mháthair, leo gur faoina seanmháthair féin a chum Pádraig Mac Piarais an scéal "Bríd na nAmhrán", an bhean as Conamara a shiúil go Baile Átha Cliath chuig an Oireachtas.

Seanadh Phéistín

Chaith Feistí ceithre bliana fichead nó mar sin ag obair le Otis Lifts in áiteacha éagsúla ar fud na tíre. Deirfiúr le Máirtín Standún (nach maireann), Eibhlín, a bhí pósta aige agus maireann ceathrar dá gcúigear clainne. I bPáirc an Chrócaigh a casadh Eibhlín air lá chluiche leathcheannais na hÉireann 1949 idir Gaillimh agus Laois. Ghnóthaigh Laois. B'as Learpholl Eibhlín agus fuair sí bás i 1992. Sheinneadh Feistí go leor ceoil le linn dó a bheith ag taisteal na tíre. Ina aonar is mó a sheinneadh sé, cé gur mhinic páirteach i seisiúin é le clann cheolmhar Standúin ag na deirí seachtaine.

Festy Conlon, whistle-player and flautist from An Spidéal (Spiddal), was married to the late Eileen Staunton from Liverpool, whose brother, the late Máirtín Standún, founded the famous drapery shop An Bungaló in Spiddal in 1946, after his release from the Curragh Camp where he learned Irish in Máirtín Ó Cadhain's famous prison classes. Festy's mother, Cáit Uí Chonluain, who gave Máire Ní Scolaí many of her old songs in Irish, was a first cousin of the famous sean-nós singer and lilter, Tom Pháidín Tom Ó Coisdealbha. Festy's lively tunes and slow airs on the tin whistle are frequently requested on Ráidió na Gaeltachta.

Johnny Connolly
(Seán Ó Conghaile)

As Inis Bearachain an ceoltóir breá seo cé gur i gCora na Rón Láir in Indreabhán atá sé féin agus a chomhluadar ina gcónaí ó tháinig siad abhaile as Sasana i 1976. Chaith Johnny cúig bliana déag i bPreston, áit ar phós sé Patricia Sweeney as Coillte Mach i gContae Mhaigh Eo. Tá togha an cheoil ag chaon duine dá dtriúr clainne, Jimmy, Johnny Óg agus Mary Ellen.

Bhí dáréag clainne ag a mháthair agus ag a athair féin in Inis Bearachain – Caitlín Sheáin Tom (Ní Cheallaigh) as An Trá Bháin agus Pádraig Phíotair Thomáis Mhicil Thaidhg as Inis Bearachain. Johnny Phádraig Phíotair an t-ainm muintire atá ar Johnny. Ocht gcomhluadar a bhí ar an oileán i lár na gceathrachaidí nuair a rugadh Johnny. Ba é an fear ildánach sin, Stiofán Ó Cualáin as Carna, a bhí ag múineadh scoile ar an oileán ag an am.

Aon bhliain déag a bhí Johnny nuair a rug sé ar an mbosca ceoil i dtosach. Bhí bosca a cheannaigh deirfiúr leis sa teach roimhe sin ach ní thugtaí cead do Johnny lámh a leagan air go dtí Domhnach amháin i lár na gcaogaidí a raibh a thuismitheoirí ag dul amach chuig Féile na gCurachaí i Leitir Móir. Bhí Johnny ag iarraidh iad a leanacht agus chun é a mhealladh le fanacht sa mbaile thug an deirfiúr an bosca ceoil dó. Nuair a tháinig na tuismitheoirí abhaile bhí Johnny in ann gach a raibh de phoirt ina cheann a chasadh ar an mbosca.

Johnny Connolly, who was born and reared on the island of Inis Bearachain, and now lives in Indreabhán (Inverin), is one of the finest box- players in the country. "The Connachtman's Rambles" and "The Irish Washerwoman" were the first two tunes he taught himself on the box at the age of ten or eleven. He is married to Patricia Sweeney from Kiltimagh in Co. Mayo and they have two sons and a daughter. Some of Johnny's music is available on the albums An tOileán Aerach *(CICD 063) and* Drioball na Fáinleoige *(CICD 127, published by Cló Iar-Chonnachta.*

Cissie (Bairbre)
Bean Uí Chonghaile

Cissie Mhártan Chuimín (Breathnach) as Ros Cíde a bhí uirthi sular phós sí Peadar Joe Mhicil Ó Conghaile as an nGairfeanach i Ros Muc, áit ar thógadar cúigear clainne – beirt iníon agus triúr mac. Nuair a bhí sí ag éirí aníos i Ros Cíde bhíodh an bailitheoir béaloidis, Proinsias de Búrca, ag tógáil scéalta agus seanchais óna gcomharsa béal dorais, Beairtle Dhonncha (Ó Conaire). Tá seanchas mór ag Cissie í féin faoi na daoine cáiliúla a tógadh i Ros Muc agus faoi na cuairteoirí cáiliúla a thagadh chun na háite. Thug sí bua léi a bhí ag a hathair roimpi — eolas cruinn ar ghaolta agus ar línte ginealaigh.

Is í Cissie an duine is óige de chúigear clainne a bhí ag Mártan Chuimín Phádraig Hughie Breathnach as Leitir Móir na Coille. B'as taobh Uachtar Ard a máthair, Áine Ní Chonaill. Triúr 'Muimhneach' a bhí ag múineadh i Scoil Náisiúnta an Turlaigh Bhig nuair a bhí Cissie ag dul chun na scoile – bean de Shúilleabhánach as Corcaigh agus beirt as Contae an Chláir, Tomás Dáibhéid agus bean de Sheasnánach (Sexton).

Chuaigh Cissie chuig an ngairmscoil ar an nGort Mór ar feadh trí bliana agus fuair sí scoláireacht as sin go Coláiste Chúil Airne. Chaith sí bliain i Sasana agus ansin tháinig sí abhaile. Phós sí i 1950 agus chuir sí fúithi ar an nGairfeanach.

Cissie (Barbara) Conneely, from Ros Cíde, Ros Muc, is rich in local history and folklore. She believes that not enough has been done to honour the memory of local writers like Colm Ó Gaora, Pádraig Óg Ó Conaire and Caitlín Maude. When paper was scarce during the second world war she remembers selling her used copy books in Conroy's shop (Tigh Chonroy) to be reused as cone-shaped sweet containers; 'tomhaisíní' (pronounced 'toisíní') they were called in Irish. She married Peter Conneely from nearby Gairfeanach in 1950 where they reared three sons and two daughters.

Ros Muc

Joe Joe Mac an Iomaire

Siopadóir agus adhlacóir é Joe Joe a bhfuil aithne mhór air ar fud Chonamara agus ar fud na tíre ar fad. Bhí fógra aige san iris áitiúil "Ros a' Mhíl Chois Cuain" roinnt bhlianta ó shin – pictiúr den eileatram (hearse) agus Joe Joe ina sheasamh lena thaobh agus scríofa thíos faoin bpictiúr bhí "Sula bhfaighidh tú bás cuir fios ar Joe Joe"!

Tá an t-eileatram ag Joe Joe ón mbliain 1970 agus d'athoscail sé siopa "Tigh Mhonica Bheag" i dTír an Fhia i 1975. I siopa agus i dteach tábhairne a athar ar An Droim a bhí sé i mbun gnó roimhe sin, san áit a bhfuil Tigh Anraí faoi láthair.

Sna Doireadha i gCasla a rugadh agus a tógadh Joe Joe, áit a raibh siopa láidir agus leoraí ag a athair, Joe Mór Mac an Iomaire. ("Tigh Mhonica" a thugtaí ar an siopa seo freisin mar ba le Monica Mhór as Tír an Fhia é roimhe sin). Ba é Joe Mór an Comhairleoir Contae deireanach a bhí ag Clann na Poblachta sa tír; bhí sé le Clann na Talún roimhe sin agus ina chomhairleoir neamhspleách nuair a thit Clann na Poblachta as a chéile. Bhí sé ar Chomhairle Contae na Gaillimhe ó lár na gcaogaidí go dtí 1969, nuair a fuair sé bás tobann istigh ag ceann de na cruinnithe i nGaillimh. Bhí máthair Joe Joe, Annie King as an nGleann, Uachtar Ard, ag múineadh i Scoil Sheanadh Phéistín (scoil aon oide) go dtí lár na seascaidí, tamall gearr sular dúnadh an scoil ar fad.

Athadhlacadh Sheáin Uí Chonaire

Joe Joe Ridge, well-known undertaker and shopkeeper, now based in Tír an Fhia (Teernee), is one of ten children and the only surviving son of the late Joseph Ridge, shopkeeper and County Councillor, from Derroe, Costelloe and Annie King from Glan, Oughterard. A dedicated follower of the Galway football and hurling teams, Joe Joe himself was a fine athlete in his youth and played junior and senior football for St. Jarlath's College, Tuam in the mid fifties. He is married to Catherine Quinn from Lettermore and they have three daughters and two sons.

Máire Nic Dhonnchadha

As an gCaorán Mór ar an gCeathrú Rua an t-amhránaí cáiliúil seo, duine de thriúr clainne a bhí ag Colmán Johnny Stephen a fuair bás i 1976 agus ag Sarah Thomáis Pheadair (Ní Chualáin) as An Trá Bháin a fuair bás nuair nach raibh Máire ach sé bliana déag. Cé go raibh amhráin ar an dá thaobh is ó mháthair a hathar, Bríd Choilm anoir as Ros a' Mhíl, is mó a chuala Máire amhráin agus í ina cailín óg. Ba dheirfiúr í Bríd Choilm seo le Nan Choilm i nGleann 'ac Muirinn (máthair Mhichael Pheaits Pheadair Breathnach, file agus amhránaí) agus le Johnny Choilm agus Darach Choilm i Ros a' Mhíl; mac iníne le Darach Choilm é an t-amhránaí breá Antoine Pheaitín Terry Mac Donnchadha as "Ros a' Mhíl Chois Cuain". Col ceathar le Máire é Johnny Chóil Mhaidhc a bhfuil cur síos air sa leabhar seo freisin – ba í Mary Johnny Stephen máthair Johnny. Col ceathracha le Máire freisin iad Máire agus Tomás Mac Eoin a bhfuil trácht orthu sa leabhar seo – ba í Máire Thomáis Pheadair as An Trá Bháin a máthair siúd.

Tá cuimhne cheanúil ag Máire ("ní dhéanfaidh mé dearmad go brách uirthi") ar Bhríd Bean Uí Chonaire a bhí á múineadh sa ngairmscoil ar an gCeathrú Rua ach b'éigean di fanacht sa mbaile nuair a fuair a máthair bás agus nuair a bhain drochghortú dá hathair go gairid ina dhiaidh sin. Chuaigh sí chuig an Oireachtas den chéad uair ó Fheis na Ceathrún Rua i 1962; ghnóthaigh sí Comórtas na mBan faoi dhó i dtús na seascaidí agus ghnóthaigh sí Corn Uí Riada i 1964. D'éirigh sí as an iomaíocht í féin ansin agus bhronn sí corn speisialta – Corn Mháire Nic Dhonnchadha – ar an bhféile le go bhféadfaí comórtas sean-nóis a chur ar bun do dhaoine nár bhuaigh aon duais amhránaíochta ag an Oireachtas cheana.

Máire Nic Dhonnchadha (McDonagh) from Carraroe, who has been working in 'Gaeleagras na Seirbhíse Poiblí' in Dublin since 1979, is an Oireachtas prize-winning traditional singer and has recorded on the Gael-Linn, Comhaltas Ceoltóirí Éireann (CCÉ) and RTÉ labels. Since winning Corn Uí Riada at the Oireachtas in 1964 she has devoted much of her spare time to teaching sean-nós singing to young people as part of a scheme devised by Máire Ní Dhuibhir in GAELACADAMH in Spiddal.

Seán Monaghan

Seán 'ac Dhonncha

Ar an Aird Thiar i gCarna a rugadh agus a tógadh an t-amhránaí cáiliúil Seán 'ac Dhonncha, a fuair bás i mí na Nollag 1996. Go dtuga Dia solas na bhFlaitheas dá anam. Ba é an tríú duine ab óige é de dheichniúr clainne a bhí ag Joe Phádraig Sheáin Fhéilim Mac Donncha agus ag Anna Phádraig Sheáin Risteaird Mac Donncha. Tá an triúr is sine den chlann, Mary, Bairbre agus Pádraig, caillte; tá Joe i Meiriceá agus Bríd ina bean rialta i nDroichead Átha; tá Mairéad, Éilís agus Nóra ag cur fúthu i nGaillimh, agus tá Maitias, a raibh cónaí air i mBaile an Doirín, aistrithe isteach go Gaillimh anois freisin. Is mac le Maitias an t-iománaí cáiliúil Joe McDonagh, a bhí ina chaptaen ar fhoireann na Gaillimhe i 1979 agus a toghadh ina Uachtarán ar Chumann Lúthchleas Gael i 1996. In Áth Eascrach, Béal Átha na Sluaighe a bhí cónaí ar Sheán, áit a raibh cúig bliana fichead caite aige ina phríomhoide scoile nuair a chuaigh sé amach ar pinsean i 1984. Bhí a bhean, Bríd (Ní Eidhin), ag múineadh in éineacht leis agus sheas an bheirt go cróga ar son na Gaeilge i 1969 nuair a rinne mionlach beag de na tuismitheoirí iarracht deireadh a chur le teagasc trí Ghaeilge sa scoil. Sheas tromlach na dtuismitheoirí le Seán agus le Bríd agus le múineadh trí Ghaeilge. Bhuaigh Seán an Bonn Óir Amhránaíochta Sean-Nóis ag An Oireachtas i 1953 agus níor chuir sé isteach ar an gcomórtas ó shin. Níor chreid sé gurb é an comórtas an bealach is fearr leis an sean-nós a chur chun cinn. Bronnadh **Gradam Shean-Nós Cois Life** ar Sheán 'ac Dhonncha i 1995.

Tigh Sheáin agus Bhríd in Áth Eascrach a chaith Joe Éinniú an oíche dheireanach a chaith sé in Éirinn; is ann a chaith Willie Clancy agus a bhean mí na meala agus is ann a fuair an fidléir cáiliúil Máirtín Byrnes fód a bháis i 1995 tar éis dó a bhealach a dhéanamh chucu as Baile Átha Cliath an lá céanna sin.

Johnny McDonagh, one of Carna's most famous and most popular sean-nós singers, who died in December 1996, spent 25 years as principal teacher in Ahascragh, Balinasloe. On the occasion of his 75th birthday in 1994, Cló Iar-Chonnachta issued a special CD of 22 of his best songs in Irish and in English entitled Seán 'ac Dhonncha – An Spailpín Fánach. *His songs are also available on Gael-Linn, Columbia, Claddagh and Topic Records. He was married to Bríd Ní Eidhin (Hynes) from Newbridge, Mountbellew and they had four sons and one daughter, all of whom are musicians.*

Réamonn Jimmy Mac Donncha

Ní raibh Réamonn ach seacht mbliana déag nuair a bhain sé cáil amach dó féin mar iomróir ag An Tóstal i mBóthar na Trá i 1955 nuair a ghnóthaigh sé féin agus beirt de chlann cháiliúil Chóil Choilm Deáirbe, Beairtle agus Pádraig, an craobh-rás sinsir curachaí canbháis. Ar an mbuille tosaigh a bhí Réamonn. Ghnóthaigh sé an rás sinsir arís i 1959 agus a dheartháir, Michael Jimmy agus Beairtle Deáirbe in éineacht leis.

Ar Inis Mhic Cionnaith (An tOileán Mór) amach ón gCeathrú Rua a rugadh agus a tógadh Réamonn. Duine é de chúig dhuine dhéag clainne a bhí ag Jimmy an Oileáin agus ag Mary Mhicil Pheadairín (Ní Chualáin). An teach a bhí tráth ag Prionsias Ó Flaithearta, fear ionaid an tiarna talún ar an oileán, is ann a tógadh clann Jimmy an Oileáin. Is amhlaidh a phós sin-seanathair Réamoinn (Réamonn eile a bhí air féin) iníon Phroinsiais Uí Fhlaithearta in aghaidh thoil a muintire, agus is ag muintir Réamoinn a d'fhan an teach nuair a briseadh cumhacht na dtiarnaí talún. Is i 1916 a d'aistrigh muintir Mhicil Pheadairín (muintir na máthar) isteach ar an Oileán Mór, an bhliain chéanna a ndeachaigh muintir Chóilín Sheáin Antoine agus muintir Chóil Choilm Deáirbe isteach, nuair a thóg Coimisiún na Talún trí theach nua ar an oileán. Tá an t-oileán tréigthe ón mbliain 1973.

Réamonn Jimmy McDonagh, the Carraroe oarsman, was born on the island of Inis Mhic Cionnaith (Inchamakinna) off Carraroe. In the latter end of the last century when Martin Kirwan was landlord of the area, it is said that for security reasons his tenants were made to come to the island to pay their rents. The island has been deserted since 1973, when the last family moved out to Corr na Móna on the mainland.

Réamonn, at the age of seventeen, together with the equally youthful O'Flaherty brothers, Beairtle Deáirbe and Pádraig Deáirbe, won the prestigious Currach Racing Championship at the Tóstal Festival in Salthill, Galway in 1955. In 1959 Réamonn, together with his brother Michael and Beairtle Deáirbe, won the coveted prize for the second time.

Lá 'Le Stiofáin

Nioclás (Nicko)
Ó Conchubhair

I 1903 a rugadh Nicko i Leitir Móir agus is ann a chaith sé a shaol i mbun oifig an phoist agus siopa. As ceantar Mhaigh Cuilinn a tháinig a athair go Leitir Móir ar dtús agus phós sé Bairbre Nic Dhonncha, iníon le Peatsa Phádraig Fhiacha, siopadóir agus saor báid. Is é an Peatsa seo a leag cíle, ball agus posta bhád cáiliúil na mBáilleach, An Capall; Micil Ó Ráinne a chríochnaigh í.

Cosúil le chuile shiopa láidir i gConamara roimh aimsir na leoraithe bhí a mbád féin ag Muintir Chonchubhair le stuf a tharraingt as Gaillimh. Bhí an "Nóra Mhór" ar dtús acu agus ina dhiaidh sin bhí "Bád Chonnor" acu, bád a thit i gCéibh an tSrutháin ar an gCeathrú Rua i dtús na seascaidí. Bád Cathasach a bhí i mBád Chonnor agus is as fuílleach a cuid admhaid a rinne Máirtín Ó Cathasaigh as Maínis an ghleoiteog atá anois ag John Deáirbe a dtugtar an "Caroline Ann" uirthi.

Cheannaigh athair Nicko teach agus feilm thalún i mBaile Thormaid i mBaile Átha Cliath i 1911 agus dhíol sé iad i 1934 ar cheithre mhíle punt. I mBaile Átha Cliath a chuaigh an chlann ar fad ar meánscoil agus chuig na Bráithre Críostaí i Sráid Shéamais a chuaigh Nicko féin sular fhill sé abhaile go Leitir Móir le dhul i bhfeighil an tsiopa.

Nicholas (Nicko) O'Connor, retired shopkeeper from Lettermore, was born in 1903 and remembers P.H.Pearse and his brother Willie staying overnight in their house in Lettermore on more than one occasion. Two of Nicko's older brothers, Miko and Petie, attended Pearse's school, Scoil Éanna, in Rathfarnham in Dublin. Petie was later elected as Sinn Féin County Councillor for Galway. In 1940 Nicko married the local district nurse, Lilian Murphy from Newry, whose famous nephews, James and Dan McCartan and Seán and Kevin O'Neill, won All-Ireland medals with the Down Senior Football team. Lilian died in December 1986. They had four daughters and two sons.

Halla Thír an Fhia

Bina McLoughlin

Ar an gCurrach Mhór, díreach taobh amuigh den Líonán, atá cónaí ar an mbean neamhghnách seo, áit a bhfuil tréad caorach ar cnoc aici agus túirne olna cois na tine chun an snáithín ceangail leis an seansaol a choinneáil slán. Dathaíonn sí a cuid bréidín ar na seanbhealaí a mhúin a máthair di fadó agus déanann sí iarracht an seanbhealach maireachtála a chleacht sí ina hóige a choinneáil beo. Tá a teach lán le cait agus le madraí; coinníonn sí go leor éanlaith clóis agus bíonn fáilte aici roimh chuairteoirí ó chian is ó chóngar.

Casann sí an bosca ceoil mar a dhéanadh a hathair, Peadar Mac Lochlainn, sa teach ar tógadh ann í i nGleann na nGeimhleach. B'as Doire Bhó Riada i gceantar Bhun na gCnoc a máthair, Áine Seoighe, duine de na "Seoghigh Dheasa". Gaeilge ar fad a labhair sí leis an gclann agus nuair a chuaigh siad chuig scoil an Líonáin bhíodh na gasúir eile ar fad ag magadh fúthu faoi nach raibh aon Bhéarla acu. Tá bailiúchán breá de sheanbhalcaisí éadaigh coinnithe ag Bina agus nuair a tairgeadh páirt sa scannán "The Field" di roinnt bhlianta ó shin bhí sí in ann a feisteas féin ar fad a chaitheamh. Bhí sí le feiceáil freisin ag tabhairt ainmneacha na sléibhte timpeall an Líonáin do Tim Robinson sa gclár teilifíse *Folding Landscapes*.

Bina McLoughlin lives in Curraghmore just outside Leenane where she cards and spins her own wool and where she is surrounded by sheep, donkeys, geese, ducks, cats and dogs. She plays the melodeon as her late father, Peadar McLoughlin, used to do in the house in Glenagevla where she was reared. When "The Field" was being filmed in Leenane in the late eighties she was delighted to be given a part which enabled her to play music with Stockton's Wing and to dance with Connie Ryan. She is a great admirer of Tim Robinson's work in recording Conamara's holy wells.

Madhcó Sailí Ó Flaithearta

Ar an gCaorán Mór ar an gCeathrú Rua a rugadh Madhcó i 1927, áit a bhfuil a shaol caite aige agus deichniúr clainne tógtha aige féin agus ag a bhean, Sail Ní Chlochartaigh as Eanach Mheáin. Múinteoir adhmadóireachta a bhí ann go dtí gur bhuail rith fola inchinne (brain haemorrhage) é i lár na n-ochtóidí agus gurbh éigean dó éirí as obair cúpla bliain roimh an am.

Ba é Madhcó an dara duine de cheathrar clainne a bhí ag Sailí Bhreathnach as an gCaorán (Caorán na gCearc) agus ag Michael Sheáin Rua Ó Flaithearta, saor cloiche as an gCaorán Mór. Ba é an dara pósadh ag Sailí Bhreathnach é agus bhí clann óg uirthi leis an gcéad fhear nuair a fuair sé bás go hóg. Is teistiméireacht ar a pearsantacht é gur tugadh "clann Sailí Bhreathnaigh" ar an dá chlann, as a hainm agus a sloinne dílis féin.

Nuair a d'fhág Madhcó an scoil náisiúnta chaith sé dhá bhliain sa gCeardscoil, áit a ndeachaigh Bríd Ní Loideáin (Bean Uí Chonaire), nach maireann, i bhfeidhm go mór air. "D'fhág sí séala ar m'intinn riamh" a deir sé, "mar chomhairleoir, mar mhúinteoir agus, go deimhin, mar aisteoir." Chaith sé bliain sa gCeardscoil i nGaillimh agus ansin chuaigh sé ag obair ar shéipéal na Ceathrún Rua a raibh caoi á chur air i lár na gceathrachaidí. Is nuair a críochnaíodh an obair sin a thosaigh an tógálaí (Ó Cuinneáin) ag tógáil na beairice nua ar an gCeathrú Rua i 1947 ach fuair Madhcó áit ar chúrsa múinteoireachta adhmadóireachta i Sráid Bholton i mBaile Átha Cliath, áit ar cháiligh sé ina mhúinteoir dhá bhliain ina dhiaidh sin.

Oifig an Phoist, Béal an Daingin

Micho Sally Ó Flaithearta (Flaherty), retired woodwork teacher from An Cheathrú Rua (Carraroe) began his teaching career in Ros Muc in 1949 and moved to his native Carraroe in 1952 where he spent the rest of his teaching years. He is well known since the fifties for his Irish language commentaries on currach races and for his ability and willingness to help people draft plans for new houses. He married Sal Cloherty from Eanach Mheáin (Annaghvaan) in 1960 and they have four sons and six daughters — one of whom, Fionnuala, is showing great talent in the world of theatre.

Muiris Ó Scannail, M.R.C.V.S.

Jimmy Bheairtle
Ó Fátharta

Is iomdha duine riamh a d'ól deoch ó láimh chóir Jimmy Bheairtle, óstóir agus siopadóir sna hAille, Indreabhán, a bhfuil a theach ósta dúnta anois ó thús na nóchaidí. Ba anoir as ceantar Chinn Mhara, gar don Pháirc Mhór, a mháthair, Mary Quinn agus cailleadh í nuair a bhí Jimmy ina naíonán. Bhí seachtar clainne ar fad ann agus thoir tigh a sheanmháthar a tógadh Jimmy go raibh sé deich mbliana. Chuaigh an chuid is mó den chlann go Meiriceá agus is ag Jimmy a fágadh an áit. I 1933 phós sé Bríd Ní Chonghaile as Ceapach, Bearna, deirfiúr le Nioclás Ó Conghaile a chaith blianta fada ag múineadh i Leitir Mucú. Bhí mac agus iníon acu, Bertie atá i gCalifornia agus Máirín atá i mBaile Átha Cliath.

Ba chara mór é Jimmy le Máirtín Ó Cadhain agus ba óna láimh a d'ól an Cadhnach a chéad phionta. Bhíodh Máirtín ag tarraingt ar na céilithe cáiliúla a bhíodh ar an áiléar Tigh Bheairtle agus tá an t-áiléar céanna buanaithe ag Ó Cadhain sa ngearrscéal "Críonadh na Slaite" in *An Braon Broghach*. Nuair a bhí an Cadhnach ag múineadh i gCamus (1927-1932) sheasadh sé Tigh Bheairtle ar a bhealach siar ón gCnocán Glas

ar a rothar gach tráthnóna Domhnaigh agus, cé go raibh an dlí an-ghéar ag an am, thugadh Jimmy fliuchadh a bhéil dó. Nuair a bhí an Cadhnach i ngéibheann (1940-1944) bhíodh Jimmy ag cur litreacha agus toitíní chuige agus tá píosa breá bróidnéireachta príosúin, ar naipcín póca fir, ag Jimmy, a chuir Máirtín chuige as Campa an Churraigh. Is in ósta Jimmy a déanadh roinnt den chlár teilifíse *Ó Cadhain ar an gCnocán Glas*.

Jimmy Faherty, retired publican from Aille, Inverin and life long friend of writer and Irish Language activist, Máirtín Ó Cadhain, remembers a travelling dancing master called Hennessy spending a month in their house in the late twenties, teaching small groups of boys and girls for an old sixpence a lesson. He remembers his older brother Pádraig bringing a piper called Stephen Ruane from Galway, to Inverin by pony and sidecar, where he played céilí music all night before being driven back to Galway again when the céilí was over. People travelled on horseback from as far away as Barna to the famous céilís held on the loft above Jimmy Bheairtle's pub.

Cóil Learaí Ó Fínneadha

File, drámadóir agus gearrscéalaí é Cóil Learaí a bhfuil cnuasach dá chuid gearrscéalta, Tórramh an Bhardail agus Scéalta Eile, foilsithe ag an nGúm. Mac é Cóil le 'File an Locháin', Pádraig Learaí Ó Fínneadha (nach maireann) a bhfuil a chuid amhrán, Bóithríní an Locháin agus Amhráin Eile, foilsithe agus tá Cóil ag cur bailiúchán dá chuid filíochta agus dá chuid agallamha beirte féin i dtoll a chéile faoi láthair.

Thosaigh Cóil ag cumadóireacht le linn dó bheith i gColáiste Talmhaíochta an Chreagáin i dtús na gcaogaidí. Fuair sé scoláireacht as sin go Coláiste Albert i mBaile Átha Cliath agus as sin go Gairdíní na Lus (Botanic Gardens) ach chaith sé in aer an scoil agus d'fhill sé ar a dhúchas. D'athbhunaigh sé Cumann Drámaíochta Mhícheál Breathnach i gCois Fharraige agus chomh maith le bheith ina aisteoir den scoth scríobh sé drámaí mar Fear an Dole agus an Vet, Codladh na Banríona agus Learaí na Leathbhróige. Tá sé buíoch dá shean-mhúinteoir gairmscoile, Pádraig Dolan, a chuir ar bhóthar na drámaíochta ar dtús é agus ní dhéanfaidh sé dearmad go deo ar chúnamh agus ar chineáltas Phaddy Mhatt Mac an Iomaire agus Phaddy King a bhí chomh fial lena gcuid carranna ag an am. Tá bliain is fiche caite aige ina fheighlí i gColáiste Cholm Cille in Indreabhán agus bhí sé roimhe sin ag obair sa mhonarcha marmair.

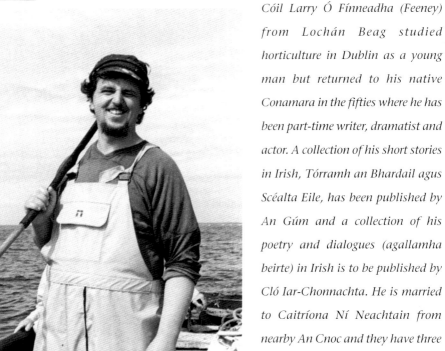

Seán Joe Cholman

Cóil Larry Ó Fínneadha (Feeney) from Lochán Beag studied horticulture in Dublin as a young man but returned to his native Conamara in the fifties where he has been part-time writer, dramatist and actor. A collection of his short stories in Irish, Tórramh an Bhardail agus Scéalta Eile, has been published by An Gúm and a collection of his poetry and dialogues (agallamha beirte) in Irish is to be published by Cló Iar-Chonnachta. He is married to Caitríona Ní Neachtain from nearby An Cnoc and they have three daughters and one son.

Learaí Ó Fínneadha

Aonach Mháma

Is é Learaí an seachtú mac a rugadh do Mháire Choilm Mháirtín Ní Thuathail as Na hAille agus do Phádraig Learaí Ó Fínneadha ('Filí an Locháin') a chum Bóithríní an Locháin agus Amhráin Eile, atá foilsithe faoin teideal sin ag Cló Iar-Chonnachta. Tá bailiúchán fíorbhreá seanphaidreacha agus orthaí curtha i dtoll a chéile ag Learaí faoin teideal Ó Bhaile go Baile.

Ar shochraid Joe Shéamuis Sheáin ('Filí Bhaile na mBroghach'), a bhfuil a chuid filíochta curtha in eagar ag Peadar Mac an Iomaire, a bhí Learaí an lá ar shocraigh sé go gcaithfeadh sé na seanphaidreacha agus na horthaí a chur ar chóir shábhála i bhfoirm leabhair. Deir an file M.F. Ó Conchúir faoi Ó Bhaile go Baile: "Léiríonn an Réamhrá géarthuiscint Learaí ar údar na nOrthaí. Tuigeann sé an spioradáltacht áirithe a bhain leis na Ceiltigh sular iompaíodar ar an gCríostaíocht chomh réidh is a dhein... Ba dheas dá léifeadh aos óg Chonamara an leabhar seo le tuiscint. Ina theannta seo tá lear mór paidreacha ann nárbh aon dochar iad a chur in athúsáid san Eaglais ar ócáidí cuí".

Ar na Fotharaí Maola Thoir atá cónaí ar Learaí agus ar a bhean, Máire Ní Chartúir, agus tá beirt iníon agus mac acu.

Larry Ó Fínneadha (Feeney), whose fine collection of old prayers and charms in Irish Ó Bhaile go Baile has been published by Cló Iar-Chonnachta, is the seventh son of the late Pádraig Larry Ó Fínneadha from An Lochán Beag, Inverin, who composed the very popular song "Bóithríní an Locháin" and other songs. Among the many gifts of this seventh son are his keen interest in Irish poetry and his extraordinary ability to recite from memory a vast store of old prayers and charms he heard as a child. Larry lives in Fotharaí Maola near Bearna, is married to Máire Ní Chartúir and they have two daughters and a son.

Máire Uí Fhlaithearta

Máire Nic Eoin a bhí uirthi sular phós sí; iníon le Jimmy Sheoin as an gCeathrú Rua agus le Máire Thomáis Pheadair (Ní Chualáin) as an Trá Bháin. As Ros a' Mhíl a tháinig a hathair mór don Cheathrú Rua i 1879; bhíodh bád mór aige agus bádh aisti é i ndug na Gaillimhe ('An Poll Mór', mar a thugtaí air).

Chuaigh beirt de na múinteoirí a bhí ag Máire i bhfeidhm go mór uirthi – Úna Bean Uí Chuinneagáin sa 'scoil bheag' agus Bríd Bean Uí Chonaire sa gCeardscoil ar an gCeathrú Rua. Is í Bean Uí Chonaire a chuir ag scríobh chuig "Aint Eibhlín" in *Ar Aghaidh* ar dtús í agus tá sí ag scríobh amhrán agus filíochta de réir a láimhe ó shin. Tá bailiúchán dá saothar féin agus saothar a dearthár, Tomás Mac Eoin, foilsithe ag Cló Iar-Chonnachta faoin teideal *Loscadh Sléibhe*, agus tá sí ag obair ar bhailiúchán eile faoi láthair.

Thosaigh sí ag obair in Oifig an Phoist i nGaillimh i 1946; chaith sí cúig bliana in Oifig an Phoist i mBaile Dhún na nGall, agus d'fhill sí ar Oifig an Phoist i nGaillimh arís i 1953, áit ar fhan sí gur phós sí i 1960. Bhí sí ag obair le Comhar Creidmheasa Naomh Pádraig i nGaillimh ón mbliain 1966 nó gur éirigh sí as obair i 1995. Tá sí pósta le Seán Ó Flaithearta, de bhunadh Chonamara freisin, agus tá siad ina gcónaí i Sráid Eyre i lár chathair na Gaillimhe.

Máire Uí Fhlaithearta (O'Flaherty) is a part-time writer and native Irish speaker from Carraroe who has been living in Galway for nearly 50 years. She has observed attitudes towards the Irish Language in the shops and streets of Galway change from near hostility in the forties to warm welcome and appreciation in recent years. She attributes much of this improved state of affairs to the enlightened approach of younger generations of Galway people and to the voluntary work of organisations like Gaillimh le Gaeilge *which has been spearheaded by Máire Bean Mhic Uidhir.*

Cuan na Loinge

Tomás Mac Eoin

Amhránaí, file, aisteoir, cumadóir amhrán, lúibíní agus agallamha beirte é Tomás, as an mBóthar Buí ar an gCeathrú Rua. Tá roinnt mhaith dá chuid cumadóireachta, i dteannta saothar a dheirfíre Máire (Uí Fhlaithearta), le fáil sa leabhar *Loscadh Sléibhe* agus tá a chuid amhránaíochta le cloisteáil ar chaiséad dar teideal *Le Fiche Bliain Anuas* (GTD HC 088). Bhí cáil mhór ar an nglór cinn a bhí ag athair Thomáis, Jimmy Sheoin, agus bhí na hamhráin mhóra ar fad ar eolas ag a mháthair, Máire Thomáis Pheadair (Ní Chualáin) as an Trá Bháin. Is cuimhneach le Tomás go dtosaíodh sí "Amhrán Mháire Ní Mhongáin" leis an véarsa dár tús "Lá dár éirigh mé ar thaltaí arda".

Bríd Bean Uí Chonaire a dhúisigh suim Thomáis sa drámaíocht ar dtús sa nGairmscoil ar an gCeathrú Rua agus tá sé ar a sháimhín só ar ardán riamh ó shin, is cuma an dráma, amhrán, filíocht, lúibín nó agallamh beirte atá ar siúl aige. Níor chaill sé ach aon Oireachtas amháin ón mbliain 1958 agus ghnóthaigh sé Comórtas Sean-Nóis na bhFear i 1966 agus Corn Uí Riada i 1967, tráth ar tháinig Seán Chóilín Ó Conaire, nach maireann, sa dara háit. Amhrán faoi Sheán Ó Catháin, T.D., (John Saile) an chéad amhrán a chas Tomás ar ardán riamh nuair a d'iarr Bríd Bean Uí Chonaire air dul amach agus amhrán a rá idir dhá dhráma i Halla Thír an Fhia nuair nach raibh sé ach a sé déag nó a seacht déag de bhlianta. Níor stop sé ó shin agus nár stopa!

Cillian Mac Donncha

Tomás Mac Eoin (Mc Keown), *the well-known poet, song writer and entertainer from Carraroe, won the men's Sean-Nós Singing Competition at the Oireachtas (Irish Language Cultural Festival) in 1966 and won the coveted Ó Riada Cup in 1967. Some of the most popular songs he has composed are "An Cailín Álainn" (The Beautiful Girl), "Bleán na Bó" (Milking The Cow) and "Amhrán an Bhingo" (The Bingo Song). Having heard his audio cassette* Le Fiche Bliain Anuas *(GTD HC 088),* The Waterboys *sought him out in the early nineties and got him to record W.B. Yeats's poem "The Stolen Child" for their album* Fisherman's Blues. *He toured extensively with* The Waterboys *in the early nineties before the group disbanded.*

Joe Steve Ó Neachtain

Nuair a cheap Údarás na Gaeltachta ina Fheidhmeannach Cultúir agus Ealaíne é i 1995 chuir Joe Steve roimhe an drámaíocht a úsáid le hurlabhraíocht a mhúineadh do pháistí scoile na Gaeltachta agus leis na daoine fásta a chur ag caint le chéile arís. Tháinig os cionn 4,000 duine amach ag breathnú ar a chéad gheamaireacht *Peigín Leitir Móir agus an Scorach* a scríobh sé do Phléaráca Chonamara 1993. Nuair a scríobh sé an dara geamaireacht i 1994, *Cóilín Phádraig Shéamuis*, bunaithe ar amhrán cáiliúil Phádraig Uí Aoláin, is cinnte gur smaoinigh sé gur anonn go "tír na nGall" a bheadh sé féin imithe freisin murach an chomhairle a chuir Pádraigín John (Mac Fhlanncha) air le linn cleachtadh drámaí sa Spidéal oíche fadó: "gur chóra do dhuine fanacht sa mbaile agus rud eicínt a dhéanamh dá thír féin". Tá Joe buíoch fós de Phádraigín John agus tá sé buíoch freisin de Sheosamh Ó Concheanainn (Joe Tom Shadhbha) a d'fhág séala an dea-mhúinteora air i Scoil Náisiúnta an Spidéil. Nuair a chraol RTÉ an clár *Quicksliver* beo as Teach Furbo i 1969 bhí Joe Steve ar dhuine díobh sin a rinne agóid faoi chlár Béarla a bheith á chraoladh as an nGaeltacht. Cuireadh picéad ar Theach Furbo agus is as agóid na hoíche sin a bunaíodh *Cearta Sibhialta na Gaeltachta*.

Geamaireacht, Ros Muc

Joe Steve Ó Neachtain (Naughton) has not only made a significant contribution to the literary and social fabric of life in Conamara with his dialogues, songs, poetry, short stories, plays and pantomimes but he has also made an enormous contribution to the economic development of the area. Together with Peadar Mac an Iomaire and others he has been a driving force in the pioneering rural development schemes undertaken by Cumann Forbartha Chois Fharraige in the seventies. Joe is the author of the long running Raidió na Gaeltachta serial play Baile an Droichid *and was one of the founder members of the* Gaeltacht Civil Rights Movement *in 1969.*

Nan Phaddy Uí Fhátharta

Ba dhuine de chainteoirí móra ár linne í Nan Phaddy, a fuair bás i mí an Mheithimh 1995 in aois a ceithre bliana is ceithre scóir, go ndéana Dia grásta uirthi. Ba í an dara duine ab óige í de naonúr clainne a bhí ag Máire Tom agus ag Edward Phaddy Mac Diarmada ar An Lochán Beag. Sé bliana a bhí sí nuair a mharaigh mianach cogaidh (an *mine*) a tháinig i dtír a hathair agus ochtar eile i Meitheamh na bliana 1917.

Bhí Mairéad Ní Oisín as Béal Chláir ina príomhoide i Scoil Shailearna nuair a bhí Nan ag dul chun na scoile – an Maggie Hession ar bhailigh Eibhlín Bean Uí Choisdealbha (Mrs. Costello Thuama) naoi gcinn déag d'amhráin uaithi le cur ina leabhar cáiliúil *Amhráin Mhuighe Seóla*. Amhránaí breá a bhí i Nan Phaddy í féin. Chaith Nan roinnt bhlianta ag múineadh Gaeilge do líon tí Mhic Cionnaith i nGaillimh, muintir an aisteora, Siobhán Nic Chionnaith, agus bhí Nan agus Siobhán ina gcairde buana an chuid eile dá saol.

Phós sí Joe Shéamuis Ó Fátharta i 1941 agus thógadar ceathrar clainne: Máirtín (Mattie) atá i Raidió na Gaeltachta, Jimmy atá i dTelecom, Máirín atá pósta i mBeanntraí agus Pádraig atá pósta i mbéal an dorais sa mbaile.

Nan Faherty (née McDermott), affectionately known to all her friends and to Raidió na Gaeltachta listeners all over the country as Nan Phaddy, died in June, 1995, aged 84. Her father was one of nine men killed when a first world war mine exploded on the shore at Lochán Beag, west of Spiddal on the 15th of June, 1917. Nan was one of those people who never grow old and she sang a fine sean-nós song even in her later years. She will be especially remembered for her rich turn of phrase in Irish and for her roguish sense of humour.

An Óige

Seán Ó Conghaola

Staraí sóisialta, bailitheoir béaloidis agus urlabhraí pobail a bhí i Seán Ó Conghaola, a rugadh sna hAille in Indreabhán i 1903 agus a fuair bás ansin i 1995, beannacht Dé lena anam. Chaith sé os cionn cúig bliana fichead ina shaoiste ag an gComhairle Contae ar bhóithre Chois Fharraige. Tá léargas maith tugtha aige ar shaol cultúrtha agus sóisialta Chonamara Theas ó thús an chéid ina thrí leabhar *Cois Fharraige Le Mo Linnse* (Clódhanna Tta.,1974), *Na Stiléirí agus Scéalta Eile Aniar* (F.N.T. 1983) agus *Saol Scolóige* (Cló Iar-Chonnachta 1993). Is ar éigean má chaill sé aon Oireachtas ó athbhunaíodh an fhéile i 1939 agus is iomaí duais Oireachtais a ghnóthaigh sé. Cúitíodh a shaothar agus a dhúthracht leis nuair a ceapadh é ina Uachtarán ar an Oireachtas i 1976, tráth ar tháinig an fhéile go Cois Fharraige. Le linn dó a bheith ina Rúnaí ar Chumann Drámaíochta Chois Fharraige bhain a gcuid 'Oícheanta Airneáin' agus a gcuid drámaí cáil amach agus craoladh roinnt dá saothar ar an raidió agus ar an teilifís. Ba mhinic Seán féin le cloisteáil ar Raidió Éireann ag cur síos ar shaol Chonamara, idir shean agus nua. Bhí sé pósta le Máire Ní Chualáin agus bhí ceathrar clainne acu — iníon amháin agus triúr mac.

Seán Ó Conghaola (Conneely), born in Aille, Inverin in 1903 was a keen observer and chronicler of cultural and social events in his native Cois Fharraige in the twentieth century and published two books on the subject, together with a collection of short stories. Together with his late wife, Máire Ní Chualáin, and their Irish speaking family of one daughter and three sons, their Gaeltacht home became a veritable Irish Language Academy where students from all over Ireland and abroad were warmly welcomed and received patient instruction. Seán was a frequent contributor to Irish Language programmes on Radio Éireann and Radio Telefís Éireann.

Seanadh Mhach'

Nóra Ghriallais
(Bean Mhic Dhonncha)

Is í Nóra Ghriallais an t-aon bhean in Éirinn a bhfuil Corn Uí Riada buaite trí huaire aici ag an Oireachtas lena cuid amhránaíochta ar an sean-nós — i 1987,1989 agus i 1993.

Is í an naoú duine í de chlann cháiliúil, cheolmhar Mháire Cheaitín as Doire Fhátharta agus Phádraig Ghriallais as Muiceanach-Idir-Dhá-Sháile. Níl aon chlann eile in Éirinn a bhfuil Corn Uí Riada buaite ag triúr acu; bhuaigh Nan an corn i 1973 agus bhuaigh Sarah é i 1984. Tá ochtar iníon eile sa gclann agus aon mhac amháin atá san Astráil le fada, agus tá glór cinn breá ag chuile dhuine beo acu.

Chuala Nóra go leor dá cuid amhrán óna hathair agus óna máthair ar leic an teallaigh. "Tá Mo Theachín Ar An Ardán" an chéad amhrán a d'fhoghlaim sí óna máthair agus is ag feis i Ros Muc a dúirt sí an chéad amhrán go poiblí agus gan í ach dhá bhliain déag. Tá sí buíoch de Threasa Bean Uí Chartúir (Ní Fhlaithearta) a bhí á múineadh i Scoil Leitir Mucú agus a sheol chuig an Oireachtas ar dtús í i dtús na seascaidí, tráth ar bhuaigh sí comórtas na mban. Dhá amhrán a chum Tom an tSeoighe a dúirt sí ag Oireachtas na bliana 1993 i nGaillimh nuair a ghnóthaigh sí Corn Uí Riada den tríú huair agus is é an chaoi ar chum Tom ceann acu — "Teach Mo Mhuintire" – go speisialta i gcomhair na hócáide.

Tá Nóra ina cónaí i mBearna, í pósta le Cólman Mac Donncha agus tá beirt iníon agus mac amháin acu.

Nora Grealish (Mc Donagh), from Muiceanach-Idir-Dhá-Sháile, is a member of Conamara's most remarkable sean-nós singing family. She has won the prestigious Corn Uí Riada three times, one of only three people ever to have done so. She is married to Coleman McDonagh from Lettermullen and they have two daughters and one son. They live in Barna and own An Púcán pub in Foster Street in Galway. Some of Nóra's songs are available on cassette — Nóra Ghriallais (High Stool Productions 1993).

Cormac

Éamonn Ó Conghaile
(Eddie Bheairtle)

Is cuimhneach le go leor de lucht éisteachta Raidió na Gaeltachta an gheit a bhain Éamonn as na gasúir a bhí bailithe ina thimpeall i Scoil na hAirde, le linn Phléaráca '93, ag éisteacht lena scéal faoin seanfhear a raibh an fhéasóg fhada bhán air, a dhírigh aniar sa gcónra agus a d'fhógair 'Bearr mé!'. Sár-scéalaí é Éamonn, mac le Beairtle Ó Conghaile, a bhásaigh i 1971 agus a bhí ina shár-scéalaí agus ina shár-amhránaí. Thug Éamonn na hamhráin leis freisin, cé nach gcasann sé go poiblí iad, agus ní móide go bhfuil aon duine eile in Éirinn atá chomh heolach leis ar sheanamhráin Chonamara agus ar a mbunúdar.

Nóra Ní Mháille a bhí ar mháthair Éamoinn, nó Annaí Éamoinn Tom as Doire Iorrais. As Maigh Cuilinn a tháinig athair a athar, Sean-tSéamus nó 'Séamus Mhaigh Cuilinn' mar a thugtaí air, agus bhí cuimse seanchais aige as an taobh sin tíre, chomh maith le seanscéalta agus laoithe fiannaíochta. Is uaidh a fuair Éamonn go leor de na seanphaidreacha breátha atá aige, go háirithe na paidreacha leapan. Bhí go leor den saibhreas seo le cloisteáil ag Éamonn freisin nuair a théadh sé ag cuartaíocht Tigh Mhaidhc Uí Cheannabháin, Tigh Mháire an Ghabha Uí Cheannabháin agus Tigh Éinniú – an teach ar tógadh an t-amhránaí cáiliúil, Seosamh Ó hÉanaí nó Joe Éinniú ann. Bhí Bríd Ní Fhlaithearta (Bean Uí Chonchúir), ag múineadh i Scoil na hAirde ag an am agus bhíodh sí ag spreagadh na gcailíní agus na mbuachaillí leis na seanscéalta agus na seanamhráin a fhoghlaim.

Éamonn Ó Conghaile (Connolly), the well-known storyteller from An Aird Thiar, (Ard West) Carna, together with his late wife, Máire Ní Churraoin (Curran), reared four daughters and two sons, before going on for the priesthood in Maynooth. Educated in Coláiste Éinne in Galway and in St. Patrick's College in Dublin, Éamonn has devoted his life to developing the shellfish industry in his native area and was for 14 years chairman of Comharchumann Sligéisc Chonamara (Conamara Shellfish Co-Op.).

Scoil na Ceathrún Rua

Ruairí Ó Conghaile

'Tigh Ruairí' in Inis Oírr atá cónaí ar Ruairí Ó Conghaile, áit a bhfuil siopa, ósta agus teach aíochta aige féin agus ag a bhean, Anna. Is é Ruairí an tríú duine is sine den aon duine dhéag clainne a bhí ag Seán Ó Conghaile (Seáinín Choilm) as Baile an tSéipéil, Inis Oírr, agus ag Julia Ní Choncheanainn (Julia Roger) as Inis Meáin, iníon dearthár le Tomás Bán Ó Concheanainn. £250 a d'íoc Micil Choilm i 1926 ar an siopa agus ar an ósta, nuair a cheannaigh sé an áit dá mhac Seán, athair Ruairí. Ag Coisdealbhach as an oileán, a bhí san RIC, a bhí an áit roimhe sin agus tá leabhair chuntais atá fíor-spéisiúil ag Ruairí a théann siar go dtí an t-am sin.

Deir Ruairí go ndearna teacht an Choláiste Gaeilge, i Samhradh na bliana 1960, athrú mór ar shaol an oileáin. Thosaigh daoine a bhí ag coinneáil scoláirí ag cur seomraí folctha isteach ina gcuid tithe agus tosaíodh ag tabhairt báisíní agus babhlaí leithris aníos as Gaillimh. Cúpla mí roimhe sin bhí lasta mór de na báisíní agus de na babhlaí céanna ar bord na loinge **Plassey**, a caitheadh i dtír ar chladach an oileáin ar an ochtú lá de Mhárta 1960, ach briseadh a bhformhór mar nár thuig na daoine go mbeadh aon ghnó acu dóibh chomh luath sin. Is cuimhneach le Ruairí freisin nach raibh aon deis iompair níos nua-aosaí ná asal agus cléibh ag na daoine le hearraí de chuile chineál a bhí ar an b**Plassey** a thabhairt aisti. Tá chuile dheis iompair dá nua-aosaí ar Inis Oírr anois.

Ruairí Ó Conghaile (Conneely), with his wife, Anna, runs the shop, pub and guesthouse known as 'Tigh Ruairí' on Inisheer, the smallest and most beautiful of the Aran Islands. This thriving Irish speaking community of 300 people or so can boast of a growing population and of the fact that the use of the Irish language on the island is in a very healthy state. Ruairí believes that much of this can be attributed to the success of the Irish College on the island, spearheaded by Claremen, Paddy Malone and Seosamh Mac Mathúna (Joe McMahon) both from Miltown Malbay and by the late Éanna Ó hEithir from Cill Rónáin who taught on Inisheer until his untimely death in 1974.

Seosamh (Joe John) Mac an Iomaire

Tá Corn Uí Riada gnóite faoi dhó, i 1975 agus i 1977, ag an amhránaí cáiliúil sean-nóis seo as Ros Dugáin, Cill Chiaráin, agus ghnóthaigh sé Comórtas Amhránaíochta na bhFear ag An Oireachtas faoi dhó, i 1968 agus arís i 1978. Mac é le John Pháidín Shéimín as Ros Dugáin agus le Máire Ní Chathasaigh, iníon Mháirtín Uí Chathasaigh – an saor báid cáiliúil as Maínis. Fuair athair agus máthair Joe bás go hóg ach is cuimhneach leis a mháthair ag casadh amhrán go minic. Ba mhinic Joe ag cuartaíocht tigh Sheáinín Choilmín as Fínis a tháinig a chónaí in aice leo agus a raibh an-chuimse seanamhrán aige. Ba mhac leis an bhfear seo Cóilín Sheáinín Choilmín nó Cóilín Fhínse (nach maireann), fear a raibh cáil na filíochta, na n-amhrán agus an tseanchais air féin agus ar uaidh a fuair Peadar Ó Ceannabháin an t-amhrán breá sin "Bruach na Carra Léithe". Ag ceolta sna tithe, le linn don cheoltóir a bheith ag ligean a scíthe, a thosaigh Joe, ar nós go leor mar é, ag casadh corr-amhrán go poiblí agus is ag ceann de na ceolta seo a chuala sé "Sagart na Cúile Báine" den chéad uair – amhrán a chasann sé féin minic go maith ó shin. Ag ceann de na haeraíochtaí cáiliúla a bhíodh ag an gceoltóir agus ag an damhsóir cáiliúil, Stiofán Ó Cualáin i Leitir Móir a dúirt Joe a chéad amhrán ar ardán riamh, "Amhrán Mhaínse".

An Geimhreadh

***Joe John Mac an Iomaire (Ridge)**, sean-nós (traditional) singer from Ros Dugáin, Cill Chiaráin, has been guest singer at venues in England, Scotland, Brittany, Germany, Switzerland, Canada and the United States of America, as well as being a most welcome guest at singing festivals all over Ireland. His job with Arramara Tta. in Cill Chiaráin brought him all over the coast of South Conamara and North Clare, commissioning seaweed cutters to ensure a daily supply of 80 tonnes of seaweed for the processing plant. He is married to Rita Devine from Dublin, who is a fine singer herself, and they have a daughter and a son, Fionnuala and Ciarán.*

Siobhán (Cevan) Uí Nia

Ar An Tamhnaigh Bhig i Ros Muc atá cónaí ar Shiobhán, nó Cevan (Seevan) mar a thug a máthair uirthi, i ndiaidh cailín beag a raibh aithne ag a máthair uirthi i Meiriceá. Ealaíontóir í Cevan a bhfuil a cuid obair chróiseála ar áilleacht an domhain agus a bhfuil na céadta pictiúr bréidín de Theach an Phiarsaigh déanta agus díolta aici, ó mhúin Bairbre Ní Fhlaithearta as Cois Fharraige di an chaoi le hiad a dhéanamh blianta fada ó shin. Péinteálann sí corr-phictiúr anois agus arís freisin. Eibhlín Ní Fhaoláin a bhí ar a máthair agus anuas as Seanadh Fearacháin a tháinig a bunadh don Ghort Mór, ag maoirseacht do Phat Conroy as Teach an Ghairfinn, bunadh Shean-Phádraig Uí Chonaire. Seáinín Pheadair Ó Conghaile a bhí ar a hathair agus is í Cevan is óige de chúigear clainne. Phós sí Michael Mhicil Pháidín Ó Nia as An Turlach, fear a raibh amhrán breá aige agus a cluineadh go minic ar Raidió na Gaeltachta. Tá a phictiúr agus amhrán a chum sé faoin mBeairic a dódh i Ros Muc, san iris *Pléaráca '94*. Fuair Michael bás i 1995. Chailleadar an t-aon iníon a bhí acu, Méimí, agus í ina bean óg ach maireann seachtar mac leo, ina measc an dornálaí cáiliúil, Máirtín Nee, a bhfuil teach ósta an *Club House* i nGaillimh aige féin agus ag a bhean, an t-amhránaí Máire Bríd Ní Mháille as Muiceanach-Idir- Dhá-Sháile.

Siobhán (Cevan) Nee from Ros Muc, whose mother called her Cevan (pronounced 'Seevan') after a child she had known in America, has been interested in Sean-Nós (traditional) singing since, as a little girl in 1934, she sang "Tomás Bán Mac Aogáin" in a school play on Radio Éireann. She is well-known for her pictures in tweed of Pearse's Cottage in Ros Muc and for her very fine crochet work. Her seventh son, Tommy, played the part of 'Micil' in Joe Steve Ó Neachtain's pantomime Cóilín Phádraig Shéamuis, and an older son, the famous boxer Máirtín Nee, owns the Club House pub in Galway.

Séamus Devanney
(Ó Dubháin)

Cé gur mar dhamhsóir den scoth is mó atá aithne ar Shéamus Ó Dubháin as an Aird Mhóir, is fonnadóir agus ceoltóir maith freisin é. Damhsóir, ceoltóir agus fonnadóir a bhí ina athair roimhe, Sonaí Joe Uí Dhubháin as Caladh Mhaínse. Bhíodh Sonaí ag cur beithíoch ('slóichtíní', mar a thugtaí go magúil orthu) isteach go hÁrainn fadó agus sin é an chaoi ar casadh máthair Shéamuis air, Mairéad Ní Chonghaile as Cill Éinne. Is é Séamus an dara duine is óige de dháréag clainne agus bhí ceol agus amhráin acu ar fad. Tá cáil mhór ar dheirfiúr le Séamus, Áine Ní Dhubháin (Annie Devanney), mar dhamhsóir.

Seacht mbliana déag a bhí Séamus nuair a thug sé Sasana air féin agus chaith sé a naoi nó a deich de bhlianta anonn is anall go Londain. Bhíodh sé ag casadh ceoil agus ag damhsa sna tithe tábhairne ansin, ach is ag déanamh an 'twist' i halla damhsa i Newcross i Londain a casadh a bhean Elizabeth (Ciss) air. As Áth Trasna in aice le Mala i gContae Chorcaí ise agus shocraigh siad, nuair nach raibh acu ach an chéad duine clainne, an chuid eile den chlann a thógáil i gConamara. Trí dhuine dhéag clainne ar fad atá acu, seisear iníon agus seachtar mac. Tá damhsa agus ceol acu ar fad agus tá duine de na cailíní, Julie Mary, an-mhaith ar fad ag damhsa.

Tá go leor duaiseanna Oireachtais buaite ag Séamus lena chuid damhsa ar an sean-nós, gan trácht ar a bhfuil de thaisteal déanta aige ar fud an domhain le Comhaltas Ceoltóirí Éireann.

Séamus Devanney from An Aird Mhóir (Ardmore) near Carna is one of Ireland's most famous traditional dancers. He has travelled extensively with Comhaltas Ceoltóirí Éireann groups throughout England and Scotland, many European countries and all over North America. He met his wife Elizabeth (Ciss), who is from Newmarket in Co. Cork, while working in London in the seventies. They have thirteen children, six daughters and seven sons, all of whom can play music or dance.

Lá 'le Pádraig, An Cheathrú Rua

Nan Ghriallais
(Bean Uí Fhátharta)

Bhuaigh Nan Corn Uí Riada agus Comórtas na mBan ag an Oireachtas i 1973, an chéad bhliain riamh ar chuir sí isteach ar an gcomórtas. "Amhrán Mhuínse" agus "Amhrán Phíotar Mhicil Báille" an dá amhrán a dúirt sí. Is í an chéad duine in Éirinn í a dúirt "Amhrán Phíotar Mhicil Báille", tar éis do Phíotar é a chumadh le linn dó a bheith tinn i Sasana agus tar éis do Cholm Ó Droighneáin (Coilí an Chaiptín) as Ros a' Mhíl na focla a thabhairt abhaile go hÉirinn leis. Beidh cuimhne ag duine ar bith a bhí ag an Oireachtas i gCorcaigh i 1985 ar an ngáire a bhain Nan amach nuair a dúirt sí "An Bádóirín". Sin í an bhliain ar bhuaigh Johnny Mháirtín Learaí Corn Uí Riada.

Is í Nan an tríú duine den aon iníon déag atá i gclann cháiliúil Mháire Cheaitín as Doire Fhátharta agus Phádraig Ghriallais as Muiceanach-Idir-Dhá-Sháile. Tá cónaí ar cheathrar acu in Éirinn – Nan, Nóra agus Sarah, a bhfuil cáil mhór orthu mar amhránaithe sean-nóis, agus Kathleen, máthair an amhránaí óig, Celia Ní Fhátharta. Tá beirt eile de na deirfiúracha i Sasana agus tá cúigear acu i Meiriceá. Chuaigh Nan í féin go Meiriceá nuair nach raibh sí ach sé bliana déag agus chaith sí sé bliana i mBoston. Bhí sí pósta le Seán Ó Fátharta as An Tuairín a fuair bás i 1993. Beirt mhac a bhí acu agus tá duine acu pósta i nDún na nGall agus an duine eile pósta i dTír an Fhia.

Nan Grealish (Faherty) is the third of eleven Grealish sisters from Muiceanach-Idir-Dhá-Sháile, three of whom, including Nan herself, are famous traditional singers. Nan won the coveted Corn Uí Riada at the Oireachtas in 1973, the very first year she entered the competition. She is not a keen competitor and is one of a growing number of sean-nós singers who would prefer an exhibition of singing to a competition. Nan spent six years in America and was married to Seán Ó Fátharta from An Tuairín who died in 1993.

An Captaen

Sarah Ghriallais (Bean Uí Chonghaile)

Is í Sarah an dara duine is óige de Ghriallaiseacha cáiliúla ceolmhara Mhuiceanach-Idir-Dhá-Sháile. Chomh maith le sean-amhráin a chloisteáil ar leic an teallaigh fuair sí an-spreagadh ó Threasa Bean Uí Chartúir a bhí á múineadh i Scoil Leitir Mucú. Ag Oireachtas na nGael i gCorr na Móna i 1975 a chuir sí isteach den chéad uair ar chomórtas sean-nóis agus fuair sí an dara háit leis "An Lachóigín Bhán" agus "Loingseach Bhearna". An bhliain dar gcionn chuir sí isteach ar Oireachtas na Gaeilge sa bPoitín Stil agus bhí sí istigh ar an gcomórtas chuile bhliain ó shin beagnach. Fuair sí an chéad áit i gComórtas na mBan go minic agus bhuaigh sí an duais mhór, Corn Uí Riada, i 1984.

Bhí cáil ar Mhuiceanach riamh le ceol, amhráin agus damhsa agus bhí cáil ar leith ar mhuintir Phádraig Ghriallais, athair Sarah agus

Sarah Grealish (Conneely) *is the second youngest of the famous singing family from Muiceanach-Idir-Dhá-Sháile and she won Corn Uí Riada at the Oireachtas traditional singing festival in 1984. Sarah went to England at the age of seventeen, married Joe Conneely from Tír an Fhia (Tiernea) and had two of their four children there. They went to Chicago in 1971 but returned to Ireland in 1974 to settle down in her native Muiceanach. Since 1975 Sarah has been a regular competitor at the annual Oireachtas sean-nós singing competition and she believes the competitive element is what draws the big crowds to the event every year.*

duine de bhádóirí cáiliúla Chonamara. Tá ceol agus amhráin ag clann Sarah freisin agus tá cáil bainte amach ag an mac is sine, Michael, mar amhránaí den scoth. Tá Sarah pósta le Joe Ó Conghaola, mac le Colm an tSeaimpín as Tír an Fhia, agus tá ceathrar clainne acu, beirt iníon agus beirt mhac.

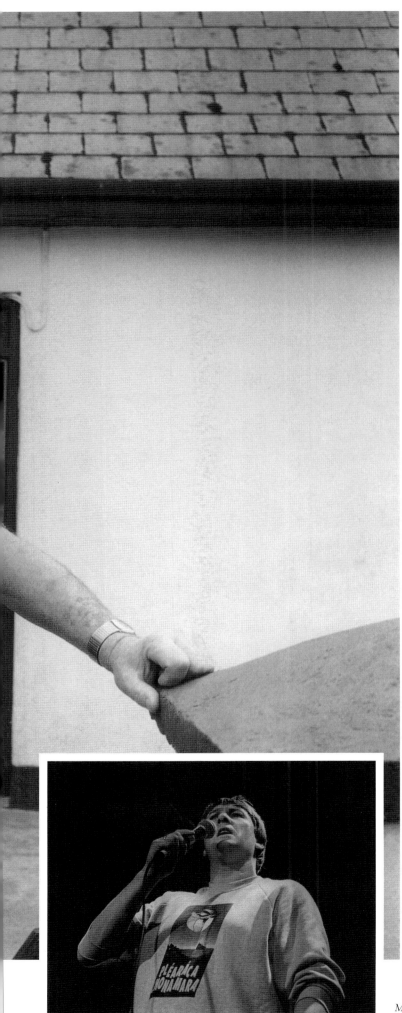

Tom an tSeoighe

Is i mbaile An Sconsa i Leitir Móir a rugadh agus a tógadh Tom an tSeoighe a bhfuil cliú agus cáil i bhfad agus i ngearr ar a chuid filíochta agus ar a chuid amhrán. Is é an seachtú duine é den aon duine dhéag clainne a bhí ag Máirtín Tom Seoighe as Inis Bearachain agus ag Máire Nic Dhonncha (Máire Bhabaí) as Leitir Calaidh. Deartháir é le Coilmín an tSeoighe a bhfuil cáil na n-amhrán air féin agus uncail é leis an amhránaí cáiliúil, Máire Uí Chéide agus leis an bhfile agus leis an amhránaí Ciarán Ó Fátharta. Bhí filíocht ag a mhuintir roimhe – 'an bairille a mbíonn an fíon ann fanann an braon sna cláir'.

Sé bliana déag a bhí Tom nuair a rinne sé amhrán barrúil faoi choileach bán a bhí acu a maraíodh go timpisteach nuair a rugadh ar a cheann i ngabhlóg chrainn. Is iomdha amhrán breá déanta ó shin aige, ó "Baile Aerach Leitir Móir", a bhaile dúchais, go "Londain Shasana", áit a raibh cónaí air féin agus ar a bhean, Neil Nic Dhonncha (Neil Sheáin Teaimín) as Cladhnach, sna caogaidí. Is mór an díol suntais iad a chuid amhrán faoi "Mo Mhate" mar go bhfuil trí cinn cumtha aige faoin bhfear céanna agus péire eile ar an mbealach. Is mór an spreagadh dó freisin amhránaí chomh breá le John Beag Ó Flatharta a bheith ann lena chuid amhrán a chasadh.

Dhá amhrán le Tom an tSeoighe a dúirt Nóra Ghriallais nuair a bhuaigh sí Corn Uí Riada den tríú huair ag an Oireachtas i nGaillimh i 1993 – "Amhrán an Bheet" a bhí cumtha le fada aige agus "Teach mo Mhuintire" a chum Tom go speisialta le haghaidh na hócáide. Teach a mhuintire féin i Leitir Móir atá i gceist.

Tom Joyce, the well-known poet and songwriter, is a native of Leitir Móir (Lettermore) but has been living in Cladhnach (Clynagh) since 1962. He married the late Nell McDonagh from Clynagh in London in the early fifties and two of their five children were born there. Many of his songs were composed during the fifties in London and a collection of his songs in Irish is to be published by Cló Iar-Chonnachta. Of his songs in English "North Street of Leeds" and "Writing Home" are two of the most popular.

Máirtín Tom Sheáinín

Séamas Ó Cualáin

As Bothchúna, An Spidéal Séamas Ó Cualáin, múinteoir scortha agus an duine is óige d'aon duine dhéag clainne – seachtar mac agus ceathar iníon – a bhí ag Micilín Mhicil Bhig Ó Cualáin agus ag Nóra Johnny Mháirtín Ní Chualáin. Ba dheartháir dá mháthair Tim Johnny Mháirtín a mba leis an teach ósta sa Spidéal a bhfuil *An Crúiscín Lán* anois air. Is sa teach ósta sin, ag cabhrú le Tim Johnny, a chaith Séamus an chuid is mó dá chuid ama saor ó bhí sé ocht mbliana nó gur cháiligh sé ina mhúinteoir náisiúnta i 1944. Ba sa teach ósta díreach trasna an bhóthair uaidh, a dtugtar *An Droighneán Donn* anois air, a bhí cónaí ar an lúthchleasaí agus ar an mbáireoir

binne cáiliúil Peat na Máistreása. Cheannaigh an Mháistreás Mhic Dhonncha an teach ósta ó Bhill Kelly nuair a d'éirigh sí as múinteoireacht agus tar éis a báis ba é a mac, Peat na Máistreása a dhíol an t-ósta leis an dornálaí cáiliúil Máirtín Ó Droighneáin, a bhfuil sé ainmnithe ina dhiaidh anois – *An Droighneán Donn*. Is é Séamus a bhunaigh Comórtas Cuimhneacháin Pheat na Máistreása i 1983 agus tá dlúthbhaint aige ó shin leis an gComórtas a dtugtar Comórtas na nAmhrán Nua-chumtha anois air. Chaith sé blianta ina phríomoide i gContae an Longfoirt sular fhill sé ar a bhaile dúchais, An Spidéal, i 1974. Chuaigh sé amach ar pinsean i 1985. Ina dhiaidh sin, bhíodh sé i mbun ranganna teagaisc i nGaeilge san Ollscoil i nGaillimh, agus i Áras Mháirtín Uí Chadhain ar an gCeathrú Rua.

Séamus Ó Cualáin (Folan), *a teacher, now retired and living in his native Spidéal (Spiddal), is widely known as a social historian and for his great knowledge of sporting events and personalities. Over the years he has been a regular contributor to national newspapers, Raidió na Gaeltachta and local journals on Gaelic games and famous players. He was married to the late Máiréad Ní Chathasaigh from Newtowncashel, Co. Longford and they had two sons and a daughter.*

Cáit Ní Mhainín

Chaith Cáit blianta fada ina múinteoir Gaeilge le Coiste Gairmoideachais Chontae na Gaillimhe ach tá sí ar pinsean anois agus cónaí uirthi i gcathair na Gaillimhe. Tá aithne mhaith ag lucht éisteachta Raidió na Gaeltachta uirthi óna comhráití breátha ar *Siamsán Maidne* le Máirtín Jaimsie Ó Flaithearta agus le Máirtín Tom Sheáinín Mac Donnacha.

In Inbhear, cúpla míle siar ón nGort Mór, a rugadh agus a tógadh Cáit, an dara duine ab óige de sheisear clainne. B'as Caladh Mhaínse a máthair, Cáit Ní Chonghaile, agus fíodóir a bhí ina hathair, Micil Sheáin Éamoinn, a mbíodh daoine ag teacht i bhfad agus i ngearr chuige le hábhar bréidín. Tá cuimhne ag Cáit ar na Dúchrónaigh agus ar an oíche ar chuireadar cúig theach sa gceantar trí thine ar an aonú lá fichead d'Aibreán 1921: Teach an Phiarsaigh, tigh Choilm Uí Ghaora, teach an mháistir scoile – Páraic Ó Conghaile – ar an nGort Mór, teach Mhuintir Eochagáin i nDoire Bhainbh agus stór i gCamus.

Tar éis tréimhse meánscoile d'fhreastail Cáit ar na ranganna Gaeilge a thugadh Micheál Ó Duigneáin (Sonaí Duignan) ar an nGort Mór agus fuair sí scoláireacht as sin chuig cúrsa d'ábhair múinteoirí Gaeilge i gColáiste Chonnacht ar an Spidéal. Chaith sí tréimhse ag múineadh i gClochar Lúghaidh i Muineachán, i mBalla i gContae Mhaigh Eo agus i Ráth Maoinis i mBaile Átha Cliath, sular thosaigh sí ag múineadh Gaeilge faoi Choiste Gairmoideachais Chontae na Gaillimhe. Tá sé de cháil ar Cháit go bhfuil sí ar dhuine de na cainteoirí Gaeilge is fearr agus is soiléire sa tír.

Cailíní na Ceathrún Rua

Cáit Ní Mhainín (Mannion) is a native of Inbhear near Ros Muc but is now living in retirement in Galway, having spent the latter half of her working life teaching Irish with the Galway Vocational Education Committee. In recent years she is well known to Raidió na Gaeltachta listeners as a regular and entertaining contributor to their morning programme Siamsán Maidne. *One of Cáit's earliest memories is the burning of five houses in the Ros Muc area by the Black and Tans on the 21st of April 1921. She also remembers cycling from Ros Muc to An Clochán (Clifden) and back in 1932 to hear Éamon de Valera speak there.*

Cóilí Ó hIarnáin

Is mar cheannródaí forbartha tuaithe agus mar cheannaire nádúrtha pobail a fhanfas cuimhne ar Chóilí Ó hIarnáin as Árainn, ní hamháin ina oileán dúchais féin ach i ngach oileán eile ar chósta na hÉireann. Bhí sé ar dhuine de bhunaitheoirí Chomhdháil na nOileán agus ba é an chéad chathaoirleach ar an gComhdháil sin é. Chaith Cóilí blianta an chogaidh 1939 – 45 san arm ar an Rinn Mhór i nGaillimh. Tháinig sé abhaile go hÁrainn ansin agus phós sé Bríd Ní Fhlaithearta as Baile na Creige. Chuaigh sé go Sasana i 1950 agus chaith sé bliain ag obair i Londain agus bliain eile ag iascach amach as Milford Haven sa mBreatain Bheag. Ansin shocraigh sé teacht abhaile go hÁrainn agus fanacht ann. Chaith sé os cionn sé bliana fichead ar chriú bhád tarrthála Árann agus cúig bliana déag ina chaptaen uirthi.

Caladh Thaidhg

Is é Cóilí a chuir tús le feachtas i dtús na gcaogaidí le feabhas a chur ar chúrsaí iascaigh in Árainn agus le hoideachas dara leibhéil a chur ar fáil d'aos óg an oileáin. Osclaíodh Gairmscoil Éinne i gCill Rónáin i lár na gcaogaidí agus de réir a chéile cuireadh cúrsa meánteistiméireachta agus cúrsa ardteistiméireachta ar fáil inti do chailíní agus do bhuachaillí na n-oileán. Sna seascaidí thosaigh Cóilí feachtas le seirbhís eitleáin a fháil do na hoileáin agus bunaíodh Aer Árann i 1970. Córas leictreachais an chéad chloch eile a bhí ar a phaidrín, rud a tháinig i 1975. Fuair Cóilí bás i mí Eanáir 1996. "Maireann an chraobh ar an bhfál ach ní mhaireann an láimh a chuir". Go ndéana Dia grásta ar a anam.

Colie Hernon from Kilronan, Aran, who died in January 1996, served for 26 years in the crew of the Aran lifeboat and was Cox for more than 15 years. His tireless efforts to bring community developments such as second level education and efficient sea and air services to the Aran islands were given due recognition by the National University of Ireland in 1991 when he was conferred with an honorary degree in Rural Development at University College Galway.

Siobhán Uí Chonghaile (Judeen na mBreathnaigh)

'Judeen na mBreathnaigh' a thugtar uirthi, i ndiaidh mhuintir a máthar – Mary Bhreathnach as An Lochán Beag. B'as An Sián sa Spidéal a hathair, Seán Ó Cualáin nó Seáinín Sheáin Pheaid, ach ar An Lochán Beag a tógadh an chlann.

Ar an gCnoc atá cónaí uirthi anois, í pósta le Maidhc Pháidín Thaidhg Ó Conghaile ón mbliain 1956 agus seachtar clainne tógtha acu. Tá obair mhór déanta aici le Club Óige Lurgan i gcaitheamh na mblianta, ag múineadh damhsaí céilí agus amhráin ar an sean-nós dóibh agus ag cumadh agallamha beirte dóibh a bhfuil duaiseanna bainte acu ar fud na tíre. Tá amhrán breá ag Judeen féin, a thug sí léi ó thaobh na mBreathnach agus bhí a seanathair, Pádraig Breathnach, thar cionn ag gabháil fhoinn. Níor chuir sí isteach ar An Oireachtas ach faoi dhó riamh mar scanraíonn ardáin í, deir sí.

Chaith sí dhá bhliain ag obair i monarcha na mbréagán sa Spidéal tar éis di an scoil a fhágáil agus nuair a tugadh isteach scéim na dtithe gloine i 1948 bhí sí ar dhuine de cheathrar ban i gCois Fharraige arbh é an jab a bhí acu frámaí adhmaid na dtithe gloine a phéinteáil sula gcuirtí suas iad. Chaith sí blianta ina dhiaidh sin ag obair i Stór na dTrátaí, á nglacadh isteach agus á ngrádú.

Judeen Uí Chonghaile (Conneely) from An Cnoc is known to her friends as Judeen na mBreathnaigh (Judeen of the Walshes – her mother was a Walsh). Judeen has done great work over the years with the local youth club, Club Óige Lurgan, *teaching them sean-nós (traditional) songs in Irish, céilí dancing and composing 'agallamha beirte' (dialogues) that have won prizes all over the country. She is a fine sean-nós singer herself, as were all her mother's people, the Breathnaigh (Walshes) from An Lochán Beag.*

Pádraig Tom Photch Ó Ceannabháin

Comhartha ar an meas agus ar an ngean atá ag an bpobal ar Phádraig Tom Photch gurb é an chéad duine é ar bronnadh 'Gradam an Phléaráca' air nuair a bunaíodh an gradam i 1994. Seo gradam a bhronnann an scéim ealaíon pobail **Pléaráca Chonamara** ar dhuine den phobal chuile bhliain mar chomhartha ómóis agus aitheantais ar a bhfuil déanta aici nó aige le cultúr agus dúchas Chonamara a chur chun cinn. (Liam Butler a rinne an dealbh chopair den chorr éisc).

I gCoill Sáile, Cill Chiaráin, a rugadh agus a tógadh an ceoltóir agus an t-amhránaí cáiliúil seo agus óna mháthair, Neainín Mháirtín Photch Ó Conghaile, a fuair sé a chuid ceoil. Bhí sise go maith ar an mbosca ceoil agus bhí sí ar dhuine den triúr ceoltóirí a bhí ar an mbaile — í féin agus Joe Mheáirt Mhicil Ó Conghaile agus Pat Bhid Nóra Ó Flatharta, athair na n-amhránaithe breátha Pádraig agus Seosamh Ó Flatharta.

Ag ceolta sna tithe a thosaigh Pádraig ag casadh ceoil ar dtús agus chaith sé trí bliana ag casadh ceoil ag na céilithe i Halla Chill Chiaráin go dtí gur bhunaigh sé féin agus ceoltóirí eile ón áit *Banna Céilí Loch an Óir*.

Tá Pádraig pósta le Mairéad Ní Niaidh as an Turlach i Ros Muc agus tá cúigear iníon agus beirt mhac acu.

Pádraig Canavan, well-known box-player and traditional singer from Coill Sáile, was the first person to receive 'Gradam an Phléaráca', the prestigious award instituted in 1994 by the Conamara Community Arts Scheme **Pléaráca Chonamara**. The trophy, a heron cast in copper by Liam Butler, is awarded annually in recognition of outstanding work in promoting the native culture and tradition of the area. A member of the Carna Branch of Comhaltas Ceoltóirí Éireann, Pádraig has won prizes for his traditional singing in Irish at Fleadhanna Ceoil (Music Festivals) all over the country.

Fear Ros Muc

Bairbre Mhic Dhonncha

Cáit Ní Dhonncha

Is mar mhúinteoir Gaeilge, mar aisteoir agus mar léiritheoir drámaí Gaeilge is mó atá aithne ar Bhairbre. Ba í an tríú duine ab óige í de sheachtar clainne a rugadh do Bhairbre Dhónaill Pháidín Ní Fhlaithearta as Cnoc Chathail Óig i Leitir Mealláin agus do Phádraig Chite Mac Donncha, ar an mBricthamhnaigh i Ros a' Mhíl. Tar éis Scoil na nDoireadha chuaigh sí go Clochar Lughaidh i Muineachán agus as sin go Coláiste Chúil Airne i mBaile Átha an Rí. Bhain sí an Teastas Timire Gaeilge amach agus fuair sí a céad phost múinteoireachta in Áth Cinn in oirthuaisceart na Gaillimhe. Is cuimhneach léi sochraid Tony Darcy ar an mbaile sin in Aibreán na bliana 1940 tar éis dó lá is caoga a chaitheamh ar stailc ocrais. Máirtín Ó Cadhain a rinne an óráid os cionn na huaighe; gabhadh Ó Cadhain an lá dar gcionn agus chaith sé na ceithre bliana ina dhiaidh sin i ngéibheann ar Churrach Chill Dara.

Is ar an gCloichreán (Clarin), taobh amuigh de Áth Cinn, a léirigh Bairbre a céad dráma agus is ansin a pósadh í féin agus Pat Mór Mac Donncha as Ros a' Mhíl a bhí ag imirt peile le foireann sinsir na Gaillimhe ag an am. Lean sí leis an drámaíocht nuair a d'aistríodar go Cloch na Rón agus ina dhiaidh sin go Loch Con Aortha, áit ar bhunaigh sí féin agus Pat Mór, Tom Sailí Ó Flaithearta agus daoine eile ón gceantar grúpa amaitéarach drámaíochta darbh ainm *Aisteoirí Loch Con Aortha*.

Barbara McDonagh, *a distinguished amateur actress and producer of plays in Irish and an accomplished Irish Language teacher, is a native of Rossaveal, as was her late husband Big Pat McDonagh, who played county football for Galway in the early forties. Barbara taught Irish and produced plays in Irish in Headford and Roundstone (Co. Galway) before settling down in Loch Con Aortha, half way between Ros Muc and Carna where, together with her husband, family and friends she continued to produce plays with a group called* Aisteoirí Loch Con Aortha. *Barbara and Pat reared a family of three daughters and four sons. Big Pat died in 1983, aged 65.*

Máirtín Chóilín Choilmín Seoighe

Tá Máirtín ina chónaí leis féin in Inis Bearachain ón mbliain 1983. Is ann a rugadh agus a tógadh é, agus bhí suas le sé chomhluadar déag ansin le linn a óige. De réir an tseanchais ba iad muintir a mháthar an chéad dream a tháinig chun an oileáin roinnt glúnta siar, isteach as ceantar Mhám Tuirc. Aniar as Leitheanach, in aice le Gabhla, a tháinig muintir a athar. Seoighe a bhí ar an dá mhuintir cé nach raibh aon ghaol acu le chéile. Ellen Uáitéir an t-ainm muintire a bhí ar a mháthair, deirfiúr leis an saor cáiliúil Joe Uáitéir atá luaite san amhrán.

I 1932 a rugadh Máirtín. Ba é an ceathrú duine d'aon duine dhéag clainne é agus cé gur scoil aon oide a bhí ar an oileán bhí naonúr múinteoirí á mhúineadh. Orthu sin bhí Séamus Ó Riain as Tiobraid Árann a bhí ina uachtarán ar Chumann Lúthchleas Gael ina dhiaidh sin agus Stiofán Ó Cualáin, an múinteoir deireanach a bhí sa scoil agus a bhfuil cur síos air in áit eile sa leabhar seo. Bhí Máirtín ar dhuine den triúr iomróirí cáiliúla ar chum Vail Ó Donnchú an t-amhrán 'Seoighigh Inis Bearachain' fúthu sna caogaidí. Ba iad John William Seoighe agus John Mháirtín Seoighe (nó John Bhaibín) an bheirt eile.

Martin Joyce (Máirtín Chóilín) has been the sole inhabitant of the island of Inis Bearachain since 1983. He is one of the three celebrated Joyce cousins from the island who became famous in the fifties for their skills and stamina as currach racing oarsmen. The other two, John William and John Mháirtín, retired from racing in 1961 but Máirtín, a much younger man, was racing until 1974. Their rowing feats and triumphs at the Tóstal festival in Salthill in the fifties have been recorded in the well-known song "Seoighigh Inis Bearachain" (the Joyces of Inis Bearachain) composed by the late Val Ó Donnchú.

'As ceantar na nOileán an fíor-ghaiscíoch breá seo,
Tá An Cnoc is An Máimín lán le greann agus spóirt;
Tá suáilceas ann 's geanúlacht, agus caithfidh mé a rá libh –
Is mór an onóir don áit seo é Bradley Mór.'

Pádraig Bradley

Sin ceathrú as amhrán a rinne Pádraig Bradley, á mholadh féin mar dhamhsóir, agus duine ar bith a chonaic ag damhsa é admhóidh sé nó sí gur maith an oidhe amhrán air. Is iomaí sin amhrán cumtha ag Pádraig ach is dóigh gurb é "Amhrán na bhFir Láidre", a chasann John Beag Ó Flatharta ó am go ham, an ceann is cáiliúla díobh – amhrán a bhfuil buanaíocht tugtha aige ann do ghaiscígh mhóra an cheantair, daoine mar Mháirtín Mhicil Mhóir, Pádraig Labhráis, Pádraig Dhonnchaín, Marcus Tom Rua, Cóilín Breathnach, Peaits Mhaidhle, agus a dheartháir féin, Seán Bradley.

Níl fágtha beo den chlann ach Pádraig féin anois. Is é an duine is óige é de sheisear mac agus iníon a bhí ag Máire Ní Bhéara as Leitir Mealláin agus ag Colm Bradley as Poll Uí Mhuirinn, a cailleadh nuair a bhí Pádraig ina leanbh. Chomh maith le cáil na n-amhrán agus cáil an damhsa a bheith ar Phádraig bhí cáil na bhfear láidir freisin air agus, ar ndóigh, cáil déanta an phoitín. Bhí cáil na breáthachta ar aint le Pádraig, Neile Bradley, a bhí pósta i nGlionnán, agus bhí an cháil chéanna ar a hiníon, Baba Eoin, a bhí pósta ag Maidhc Nee, fear a raibh cáil an phoitín air freisin. Tá mná breátha ar an gcéad líne eile den mhuintir freisin – 'An bairille a mbíonn an fíon ann, fanann an braon sna cláir.'

Pádraig Bradley *from Poll Uí Mhuirinn is famous for his dancing, for his songs, for his strength and for his poitín. The youngest and only surviving member of a family of seven, Pádraig has won many prizes for his traditional stepdancing and has been recorded on film for posterity by Bob Quinn. He has a rich store of folklore and songs and has unashamedly and deservedly composed a song in praise of himself.*

Cumann Dornálaíochta Ros Muc / Chamuis

Pádraig Mac Donncha

Is é Pádraig bainisteoir Chomharchumann Ráth Cairn i gContae na Mí ón mbliain 1980 – comharchumann a raibh baint mhór aige féin lena bhunú i 1973 agus a bhfuil feabhas mór curtha aige ar an saol i Ráth Cairn ó shin. Is é Pádraig an cúigiú duine de dheichniúr clainne a bhí ag an amhránaí cáiliúil, Cóil Neaine Pháidín as an Doirín Darach agus ag Neain Phádraig Choilmín (Ní Chonghaile) as Inis Treabhair, a d'aistrigh go Contae na Mí i 1935. Mhúin Cóil damhsa dóibh sa mbaile agus fuair siad oideachas maith ar scoil ón Máistir, Seán Ó Coisdealbha agus óna bhean, Íne.

Chuaigh Pádraig go hóg le hóstánaíocht i mBaile Átha Cliath, áit a raibh Bríd, Bean Mhic Thómais (nach maireann) as an Spidéal, ina dara máthair aige. Ise a chomhairligh dó dul chuig ranganna oíche agus cúrsa traenála a dhéanamh le CIÉ. Chaith sé blianta, sna seascaidí, ina bhainisteoir i *Seomraí Chois Fharraige* in Óstán an Bhóthair Iarainn i nGaillimh, áit a raibh an fhoireann ar fad ina gcainteoirí líofa Gaeilge. Chaith sé trí bliana ina dhiaidh sin i mbun bainistíochta do Ghael-Linn in Ósta John Devoy i mBaile Eoin i gContae Chill Dara nó gur iarradh air teacht mar bhainisteoir san Ashbourne House Hotel i gCill Dhéagláin. Phós sé Mairéad Nic Gearailt as Corca Dhuibhne i 1971 agus tá beirt iníon agus beirt mhac acu. Bronnadh *Gradam Uí Ghramhnaigh* air ag Féile na Mí i 1996 mar gheall ar a bhfuil déanta aige do Ráth Cairn.

Pádraig Mac Donncha (Mc Donagh), manager of Comharchumann (Co-Operative) Ráth Cairn since 1980, has campaigned all his life to improve the lot of the 27 or so Irish speaking families (182 people) transplanted from Conamara to Meath in 1935. During the 1965 general election campaign Pádraig was instrumental in bringing Máirtín Ó Cadhain, the well-known Irish Language writer and activist, to address an open air meeting seeking government recognition for Ráth Cairn as a Gaeltacht (Irish-speaking area). On election day seventy five per cent of the people expressed their protest by abstaining from voting; six months later official recognition was granted.

An Tuairín

Peadar Tommy
Mac Donncha

Ar an mBóthar Buí ar an gCeathrú Rua atá cónaí ar Pheadar lena bhean, Mairéad Ní Chuilinn as ceantar na hUaimhe i gContae na Mí agus lena n-iníon, Róisín. Bhain sé cáil amach mar amhránaí sean-nóis i ndeireadh na gcaogaidí agus bhuaigh sé Comórtas na bhFear ag an Oireachtas i dtús na seascaidí.

Tá a shaol ar fad caite ina cheantar dúchais aige. Chuaigh sé chuig an gCeardscoil tar éis na bunscoile agus chaith sé tamall ag plé le drámaíocht i dteannta mháistir na ndrámaí, Johnny Chóil Mhaidhc. Tá Peadar ar Choiste Pobail na Ceathrún Rua le scór bliain nó mar sin agus is í an gharraíodóireacht an ghairm bheatha a roghnaigh sé. Ó cheirníní agus den raidió a d'fhoghlaim sé a chuid sean-amhrán, go háirithe ó cheirníní Sheáin 'ac Dhonncha, a gceapann sé gurbh é "An Rí" é. "Bean an Fhir Rua" agus "An Caisideach Bán", dhá amhrán a d'fhoghlaim sé de cheirnín Sheáin, a dúirt sé an oíche fadó ar bhuaigh sé Comórtas na bhFear ag an Oireachtas. Tá péinteálacha cáiliúla d'athair Pheadair, Tommy, agus dá sheanmháthair, Bideach, déanta ag an ealaíontóir, Charles Lamb, nach maireann, a bhí ina chónaí in aice leo ar an gCeathrú Rua.

Peadar Tommy (McDonagh) from Carraroe is an Oireachtas prize-winning sean-nós singer who learned his songs from radio and recordings, especially the recordings of Johnny McDonagh. Peadar's late father, Tommy Bhideach, is thought to be the subject of Charles Lamb's painting 'Tommy'. Peadar's grandmother, Bideach Ní Fhlaithearta, together with another local, Patch Sheáin Dan, is the subject of Lamb's famous painting The Quaint Couple. *Both paintings are in the Crawford Gallery in Cork. The Portadown born painter lived near Peadar's home in Carraroe and in Lamb's latter years Peadar brought* The Irish Times *to him from the shop every morning.*

Micheál Mac Donnacha (Maidhc Phapaí)

As Caladh Ghólaim i Leitir Mealláin é Maidhc, fear a bhfuil aithne ag lucht éisteachta Raidió na Gaeltachta air óna chuid scéalta samhlaíochta agus cócaireachta agus óna chuid aisteoireachta nádúrtha sa gclár déanta poitín *No Man's Land* ar 'Siamsán Maidne'. In éineacht lena sheanmháthair agus lena sheanathair a tógadh Maidhc – Máire Mhaitiais as Inis Oirc agus Maidhcilín Mhicil Teaimín O Maoláin, a bhí tar éis Mheiriceá agus a dtugadh a iníon 'Papa' air; as sin a tháinig 'Papaí' agus an t-ainm ceana 'Maidhc Phapaí'. Mac é Maidhc le Winnie Mhaidhcilín Mhicil Teaimín agus le Beairtle Neain Mac Donnacha agus tá aon deirfiúr amháin aige, Máirín, atá ina cónai i Surrey i Sasana.

Tar éis dó scoil Leitir Mealláin a fhágáil, áit a raibh Áine Nic Dhonncha as an gCeathrú Rua agus Éamonn Ó Gógáin á mhúineadh, chaith sé tamall ag plé le farraige agus chaith sé ceithre shéasúr, seacht seachtaine nó mar sin roimh an Nollaig, 'ar an Achréidh' i mBaile Átha an Rí. Cheannaídís orgán béil an duine ar a mbealach abhaile faoi Nollaig agus "ba gheall le Céilí Band muid ag teacht anoir tríd An Spidéal", a dúirt Maidhc. Is cuimhneach leis go raibh Joe Neainín, a bhíodh ag rith an phoist ó na hOileáin soir go Casla sna caogaidí lena phónaí agus traip, an-mhaith faoi mharcaíocht.

Théadh go leor as Conamara go Tobar Mhuire i mBaile Átha an Rí an t-am sin agus is cuimhneach le Maidhc dul soir go Tobar Cholm Cille ar an mBánrainn, tráth a dtiteadh Aonach Dhoire Né ar Lá an Tobair. Ach ba chuig Tobar Loch Tan, síos ó theach pobail Thír an Fhia, "ag coirnéal thoir na locha san áit a mbíodh an muileann fadó", is mó a chonaic sé turasacha á ndéanamh le linn a óige.

Chuaigh Maidhc go Sasana nuair a bhí sé bliain is fiche agus chaith sé cúig bliana fichead anonn agus anall, go dtí gur fhan sé sa mbaile ar fad i 1981. I gKingston on Thames is mó a bhíodh sé, áit go raibh go leor as Doire Né, Ros a' Mhíl agus An Cheathrú Rua. I monarcha eitleán Vickers Armstrong a fuair sé an chéad jab thall agus sílim gur ansin a d'fhás na sciatháin ar a chuid samhlaíochta.

Mike McDonagh from Ceann Gólaim (Golam Head) in Lettermullen, is affectionately known as 'Mike Phapaí' after his grandfather ('Papa' or 'Papaí') with whom he was reared. He is well-known to Raidió na Gaeltachta listeners for his surrealist stories and his superb natural acting talent. Together with broadcaster Máirtín Tom Sheáinín Mac Donnacha and producer Máirtín Mac Donncha he conceived and delivered a prize-winning spectacular radio documentary-drama programme about poitín-making called *No Man's Land. Mike is also known to readers of* Ireland's Eye, *where he has been featured in a two-page spread.*

Trá an Dóilín

Pádraig Ó Conghaile (Pat Phádraig Tom)

Is fada cáil na n-amhrán ar Phat Phádraig Tom as Leitir Péic, An Spidéal, a fuair an chéad áit i gComórtas Amhránaíochta Sean-Nóis na bhFear ag an Oireachtas i 1956. Is i 1954 a chuir Pat isteach ar an Oireachtas ar dtús, nuair a fuair sé ainmniúchán ó Phádraig Ó hEidhin, nach maireann, agus ó Phaddy Bán Ó Broinn, nach maireann, i gColáiste Cholm Cille in Indreabhán. Seosamh Ó hÉanaí a fuair an chéad áit an bhliain sin agus is é Pat a fuair an dara háit. Bhí sé ag fanacht i mBarry's Hotel agus is cuimhneach leis bualadh le go leor as Carna ansin atá ar shlí na fírinne anois: Joe Éinniú féin, Tomás Cheaite Breathnach, agus Cóilín Mháirtín Sheáinín Ó Cualáin ina measc. Thug Pat na hamhráin leis ó thaobh athar agus máthar. Ba í Siobhán Báille nó Judeen Reilly as an Doirín Glas i Leitir Móir a mháthair agus ba é Pádraig Tom Ó Conghaile as Leitir Péic a athair. Bhí triúr de na Báille sa Doirín Glas: Cóil Shéamuis Báille a chuaigh go Ráth Cairn i 1935; Seán Báille, seanathair Phat; agus Micil Báille, athair Phíotar Mhicil Báille a rinne 'Amhrán Phíotar Mhicil Báille.' Ba uncail le Pat é Tomás Ó Conghaile nó Tom Conneely a bhíodh ag múineadh i Leitir Móir agus ina chónaí ar An Leic ansin.

Ag bainiseacha agus ag stáisiúin sna tithe is mó a bhíodh amhráin á rá nuair a bhí Pat ina bhuachaill óg. Tá comharsa leis beo fós ar dhúirt sé cúpla amhrán ar a bhainis i 1930 agus ar thug sé an fuisce aniar trasna an locha (Loch Bholl Uisce) le haghaidh an chleamhnais. Is é an chomharsa seo an t-aon fhear atá ag tarraingt ar An Spidéal inniu ar cuimhneach leis pórtar a ól ansin ar dhá phingin an pionta.

Stiofán Ó Gríofa

Pat Conneely, *well-known traditional singer from Leitir Péic, An Spidéal (Spiddal), won first prize at the Oireachtas singing festival in the RDS in Dublin in 1956. His mother was a Bailey from An Doirín Glas, Leitir Móir (Lettermore) and was first cousin of Peter Bailey who composed 'Amhrán Phíotar Báille'. Having spent some years in England in the late forties Pat settled down in his native Leitir Péic, married Máire Ní Mhaoilchiaráin (Mary Mulkerrins) from Camus who was teaching in Boll Uisce National School, and reared a family of five daughters and one son.*

Máire Bean Mhic Dhonnacha

I bPittsburgh i Meiriceá a rugadh Máire i 1915 agus is ann a chaith sí an chéad dá bhliain déag dá saol. Ba í an dara duine í de thriúr iníon a bhí ag Helen Ní Chadhain as Inis Treabhair agus ag Pádraig Mhac Rua Ó Clochartaigh as an Sruthán Buí i Leitir Calaidh, a raibh gaol aige leis an bhfile cáiliúil Mícheál Ó Clochartaigh nó Micil Dhiarmada. Ní raibh Máire ach trí bliana nuair a fuair a máthair bás i bPittsburgh le fliú mór na bliana 1918. Mharaigh an fliú céanna deirfiúr níos sine le Máire go gairid roimhe sin, agus an lá a raibh a máthair á cur cailleadh an cailín beag ab óige sa teach leis an bhfliú freisin.

Thug Pádraig Mhac Rua Ó Clochartaigh a iníon Máire abhaile don Sruthán Buí leis agus chuaigh sí chuig scoil Leitir Calaidh ar feadh dhá bhliain. Denis Herlihy agus May Ridge (May Maude, máthair Chaitlín Maude ina dhiaidh sin) a bhí á múineadh agus is cuimhneach léi go dtugadh May Ridge, bean a chaith tús a hóige i Meiriceá í féin, cúnamh breise di leis an nGaeilge ag am lóin. Ní raibh mórán stró uirthi an Ghaeilge a phiocadh suas agus is cuimhneach léi a bheith ag casadh ceoil ar an orgán béil ag na ceolta a bhíodh go minic an uair úd ar dhroichead an tSrutháin Bhuí agus ar dhroichid eile timpeall.

Chuaigh sí go Sasana i 1935, phós sí Tom Sheáinín Sheáin Mhóir Mac Donnacha as Eanach Mheáin i Surrey, agus is ann a rugadh an duine is sine dá gcúigear mac, Tommy. Nuair a thosaigh an dara cogadh mór i 1939 tháinig siad abhaile don Sruthán Buí, áit ar rugadh an ceathrar eile: Johnny a bhásaigh go hóg i mBaile Átha Cliath i dtús na naochadaí, Cóilín atá ina chónaí i Londain, Dudley atá sa mbaile agus Máirtín Tom Sheáinín, an craoltóir agus an t-amhránaí cáiliúil a bhuaigh Gradam Phléaráca Chonamara i 1995 agus atá ina chónaí i dteach na muintire ar An Sruthán Buí. Chaith Tom Sheáinín Mac Donnacha, a fuair bás i 1971, geimhreadh is fiche ag dul anonn is anall ar an mBeet go Sasana agus ag díol agus ag ceannach beithíoch sa mbaile an chuid eile den bhliain. Tháinig deireadh leis an imirce shéasúrach ar an mBeet go Sasana i dtús na n-ochtódaí. Ba í máthair Tom Sheáinín, Máire Ní Mháille as Eanach Mheáin, a thug an chéad amhrán atá sa leabhar Ceol na nOileán don athair Tomás Ó Ceallaigh – 'Peigín an Chúil Bháin' – agus tá a hainm luaite le cúig amhrán eile sa leabhar freisin.

Cailíní an Phléaráca

Mary McDonagh from An Sruthán Buí, Leitir Calaidh (Lettercallow) lost her mother and two sisters in the 1918 'flu' epidemic in Pittsburgh, U.S.A. where she was born, and was brought to An Sruthán Buí at the age of twelve in 1927 by her father, Patrick Cloherty (Pádraig Mhac Rua). Patrick was related to the poet Mícheál Ó Clochartaigh (Micil Dhiarmada) who composed the last three verses of 'Cúirt an tSrutháin Bhuí' (The Court of Sruthán Buí), Colm de Bhailís's famous song in exaggerated praise of a roughly made hut. The house where Mary and her late husband, Tom (Sheáinín) McDonagh, reared a family of five sons, stands just across the road from the famous 'Cúirt an tSrutháin Bhuí', which was restored in 1995 by Mary's youngest son, Máirtín Tom Sheáinín Mac Donnacha, well-known traditional singer and broadcaster. It is now the venue for an annual festival, 'Féile an tSrutháin Bhuí', on the second weekend in May.

Inis Meáin

Dara Beag Ó Fátharta

Fear ildánach é Dara Beag Ó Fátharta as Inis Meáin, a bhfuil filíocht cumtha aige, tithe tógtha aige agus nach bhfuil drogall air roimh aon chineál oibre. Is é an duine is óige é de sheachtar clainne a bhí ag Dara Pheigín Mhicil Mhíchíl Mháire agus ag Peige Sheáin Tommy Mhicil Mhíchíl Mháire (Ní Chonghaile). *Cloch an Fhaoileáin* atá ar an gcéad bhailiúchán filíochta leis a foilsíodh agus tá sé ag cur ábhar leabhair eile le chéile faoi láthair. Tá sé deaslámhach chomh maith le bheith deisbhéalach; tá dosaen teach tógtha aige ar an oileán agus tá sampla breá dá chuid oibre le fáil san aolchloch ghearrtha atá i mbinn an halla, ar aghaidh theach na scoile in Inis Meáin. (Ní hé a rinne an póirse beag atá ar dhoras na binne).

Tá cáil na n-amhrán agus an damhsa freisin ar Dhara agus tá cuimhne aige ar amhránaithe agus ar dhamhsóirí móra an oileáin, daoine mar Pheats Chólman Ó Cualáin ag damhsa agus ag rá "An Droighneán Donn"; a dheartháir féin, Seán Dara Pheigín (nach maireann), ag rá "Cúirt an tSrutháin Bhuí"; Seán Bheairtlín ag casadh port béil ar bhainis; Colm Seoighe agus na hamhráin bhreátha a bhíodh aige, agus Máirtín Roger Ó Concheanainn ag rá "Carraig a' Mhatail", amhrán a bhfuil dearmad déanta anois air, is cosúil. Tá cuimhne ag Dara freisin ar Ghiolla Críost Ó Broin ag múineadh damhsaí céilí do ghasúir an oileáin thoir ar An Leic, san áit a bhfuil Tigh Mháirín Mhéiní anois.

Dara Beag Ó Fátharta (Faherty) from Inis Meáin, the middle island of the three Aran Islands, was born in 1920 and has spent all his life on the island apart from six months he spent working with Bord na Móna in Co. Offaly in 1949. He has left his mark in verse by having published a collection of his poems called Cloch an Fhaoileáin *(Seagull's Rock), and has left his mark in stone in the dozen or so houses of cut limestone he has built on the island. A fine sample of his stonecraft can be seen in the gable end of the island hall. Dara married Teresa Mulkerrins (Teresa Tom Chiaráin) in 1955 and they have four daughters and three sons.*